AF509606

CATALOGUE MENSUEL

(*Nouvelle Série, N° 31*)

JUIN 1900

LIBRAIRIE

DE

THÉOPHILE BELIN

29, Quai Voltaire, PARIS

SOMMAIRE

Angelo. L'École des Armes, 1763. — *Audebert.* Histoire des Singes, 1800. — *Audsley et Bowes.* La Céramique Japonaise, 1880. — *Bartsch.* Le Peintre-graveur, 1802-21, 21 vol. — *Basan.* Dictionnaire des Graveurs, 1789. — *Beaumarchais.* La Folle journée, 1785. — *Ch. Blanc.* Histoire des Peintres, 1861-1876, 14 vol. — *Boccace.* Des cas des nobles hommes et femmes, ms. XVᵉ siècle. — *Bouchard.* Chroniques, 1531. — *Bouchet.* Annales d'Aquitaine, 1525. — *Callot.* Recueil d'Estampes. — *Catullus, Tibullus, Propertius,* 1515. Coffret ancien en mar. XVIIIᵉ siècle. — *Comestor.* Historia scholastica, 1475. — Costumes. Recueil de Duflos, 1780. — *Damerval.* Le Livre de la Diablerie, 1508. — *Delange.* Faïence de Henri II, 1861. — *Du Cerceau.* Livre d'Achitecture, 1582. — *Duhamel du Monceau.* Traité des arbres et arbustes, 7 vol. — *Du Verdier.* — La Prosopographie, 1573. — Les Evangiles, 1873. — *Fabris.* Scienza d'Arme, 1677. — *Filhol.* Galerie du Musée de France, 1814-28, 11 vol. — *Forster.* Monuments de l'Allemagne, 1859-67, 8 vol. — Galerie de Dresde, 1753. — Galerie de Florence, 1789. — Galerie du Palais-Royal, 1786. — Horæ beatæ Mariæ Virginis, ms. XVᵉ siècle. — *Monstrelet.* Chroniques, 1518. — Musée du Louvre, 1865. — Reliures armoriées. — Etc.

PARIS

LIBRAIRIE THÉOPHILE BELIN

29, QUAI VOLTAIRE, 29

1900

906. **Abrantès** (Duchesse d'). Mémoires sur la Restauration, ou souvenirs historiques sur cette époque, la révolution de 1830, et les premières années du règne de Louis-Philippe. *Paris, impr. Boulé,* 1838 ; 6 vol. in-8, br.   40 fr.

Rare.

907. **Achaintre.** Histoire de Marie-Antoinette, archiduchesse d'Autriche, reine de France et de Navarre. *Paris, Picard,* 1824 ; in-12, portr. et fig., veau fauve, dos fleurdelisé, fil., tr. dor. (*Simier*) 15 fr.

908. **Actrices** (les) de Paris. Portraits de E. de Liphart, texte par MM. E. Bergerat, D. Bernard, J. Claretie, Guy de Maupassant, F. Sarcey, etc. *Paris, H. Launette,* 1882 ; gr. in-8, *en feuilles*, dans un carton.   25 fr.

Exemplaire sur PAPIER VÉLIN, avec les vignettes tirées en bistre.

909. **Adeline** (Jules). Les Sculptures grotesques et symboliques (Rouen et ses Environs). Préface par Champfleury. *Rouen, Augé,* 1878 ; in-8, br.   15 fr.

100 vignettes sur bois par *J. Adeline.*

910. **Agrippa.** De la Noblesse et preexcellence du sexe fœminin, fait et compose par noble chevallier et docteur en deux droictz messire Henry Cornelle Agrippa, conseillier judiciaire du trespuissant Empereur Charles cinquiesme... translaté de latin en françoys. *On les vend à Paris, par Denis Janot, s. d. ;* in-16 de 56 ff. texte encadré, mar. rouge, milieux, tr. dor. (*Chambolle-Duru*).   50 fr.

Jolie petite édition rare et recherchée.

911. **Agrippa** (Camille). Trattato di Scienza d'arme et un dialogo in detta materia. *In Venetia, appresso Antonio Pinargenti,* 1568 ; pet. in-4 de 8 et 111 pp. vélin.   80 fr.

Rare édition de cet ouvrage d'escrime, illustré de figures gravées à l'eau-forte, dans le style de *Marc Antoine,* représentant la plupart des personnages entièrement nus. — Texte gravé avec portrait de l'auteur.

On a relié avec ce volume : *Arte dell'armi di Achille Marozzo bolognese. Ricorretto et ornato di nuove figure in rame. Venetia, Ant. Pinargenti,* 1568, pet. in-4. — Cet exemplaire est incomplet des trois derniers cahiers.

912. **Aicard** (Jean). Roi de Carmargue. Illustrations de Georges Roux. *Paris, Testard,* 1890 ; in-8, br. 18 fr.

Papier vélin.

913. **Alciat.** Livret des Emblemes de maistre André Alciat, mis en rime francoyse, et présenté à Monseigneur l'Admiral de France (par Jehan le Fevre). *On les vend à Paris, en la maison de Chrestien Wechel,* 1536 ; in-8 réglé, fig., veau brun, comp. à froid (*Rel. anc.*)   120 fr.

PREMIÈRE ÉDITION française des Emblèmes d'Alciat, ornée de figures sur bois. Ces figures au nombre de 112 sont les mêmes (sauf quelques variantes) que celles qui ornaient l'édition latine publiée par Wechel en 1534. Ces figures passent pour avoir été dessinées par un artiste de Bâle et gravées par *Mercure Jollat.*

Bel exemplaire.

914. **Alciat.** Omnia Andreæ Alciati V.C. Emblemata, cum commentariis, quibus Emblematum aperta origine mens auctoris explicatur, et obscura omnia, dubiaque illustrantur. Adjectæ ad calcem notæ posteriores per Claud. Minoén. *Parisiis, apud Steph. Valletum,* 1589 ; pet. in-8, fig., basane. 12 fr.

Figures sur bois.

915. **Alissan de Chazet.** Eloge historique de S. A. R. Charles-Ferdinand d'Artois, duc de Berry, fils de France. Seconde édition. *Paris, impr. royale,* 1820 ; in-8, chagr. vert, dos orné.   5 fr.

916. **Allom** et **Pelle.** L'Empire Chinois illustré d'après des dessins pris sur les lieux par Thomas Allom. Avec les descriptions des mœurs, des coutumes, de l'architecture, de l'industrie et du peuple chinois depuis les temps les plus reculés jusqu'à nos jours, par Clément Pelle. *Londres, Fisher, s. d. ;* 4 tomes en 2 vol. in-4, veau fauve, dos orné, *non rognés (Foucart).* 35 fr.

130 planches sur acier.

917. **Allonville.** Mémoires tirés des papiers d'un homme d'Etat, sur les causes secrètes qui ont déterminé la politique des cabinets dans la guerre de la Révolution, depuis 1792 jusqu'en 1815 (par le comte d'Allonville, A. de Beauchamp et

Schubart). *Paris, Ponthieu,* 1828-1838 ; 13 vol. in-8, br.   60 fr.

Mémoires très intéressants (voy. Barbier, III, 260).

918. Almanach royal. *Paris, d'Houry,* années 1756, 1759, 1775, 1782, 1783, 1784, 1785, 1786, 1788, 1790 ; in-8, veau ou bas. Chacun 6 fr.

Les années 1759 et 1790 sont incomplètes du titre.

919. Alphonse d'Armancourt. ou la belle-mère (par Mᵐᵉ de Sancy). *Lausanne, Fischer et Vincent,* 1797 ; 2 tomes en un vol. in-12, demi-rel. veau fauve, dos orné, *non rogné.*   5 fr.

920. Amman (Jost). Neuwe Biblische Figuren dess alten und Neuwen Testaments, geordnet und gestellt durch den fuertrefflichen und Kunstreichen Johan Bockspergern von Saltzburg, den juengern, und nach gerissen mit sonderm fleiss durch den kunst verstendigen und wolerfarnen Joss Amman von zuerych. Allen Kunstlern, als Malern, goltschmiden, bildhauwern, etc. *Gedruckt zu Francfurt am Mayn,* 1564 ; (Im Ende :) *Gedruckt zu Franckfurt am Mayn zurch Georg Raben, Sig. Feyeraband und Weygand Haven Eiben ;* in-8 oblong, vélin.   140 fr.

129 belles figures sur bois gravées d'après les dessins de *Jost Amman.*

921. Amours (Les) d'Ismène et d'Isménias (par Godard de Beauchamps). *La Haye,* 1743 ; in-12, veau marb., dos orné, tr. dor. 5 fr.

Frontispice et 3 figures non signées.

922. Amours de Theagènes et Chariclée. Histoire éthiophique (par Héliodore). *Londres, (Paris, Coustelier)* ; 2 vol. in-12, veau marbr., dos orné, fil., tr. dor.   10 fr.

Frontispice, figures et vignettes en-têtes.

923. Anacréon. Odes, traduites en vers sur le texte de Brunck par J.-B. de Saint-Victor. Seconde édition. *Paris, Nicolle,* 1813 ; in-12, mar. rouge, dos orné, dent., tr. dor. *(Rel. anc.).*   15 fr.

Texte grec en regard de la traduction. Figures de *Girodet* et *Bouillon,* gravées par *Ab. Girardet.*

924. Angelo. L'École des Armes avec l'explication générale des prin-

cipales attitudes et positions concernant l'Escrime, par M. Angelo. *A Londres, chez R. et J. Dodsley,* 1763 ; in-fol. oblong., veau (*Rel. anc.*).   225 fr.

ÉDITION ORIGINALE de ce beau traité d'escrime orné de 47 planches en taille-douce gravées par *Ryland, Elliot, Hall* d'après les dessins de *J. Gwyn.*
Très bel exemplaire avec la liste des souscripteurs.

925. Ariaga (Bonaventure). Almanach historique et prophétique pour l'année 1722, où l'on verra ce qui doit arriver d'heureux ou du malheureux dans le courant de cette année à la personne pour qui il est composé, supputé et calculé sur le méridien des influences tendres. *S. l. n. d.* (1722); in-8 de 56 pp., mar. brun, dent., doublé de mar. rouge, dent., tr. dor. (*Rel. anc.*). 40 fr.

Manuscrit sur papier fort bien calligraphié et au commencement du XVIIIᵉ siècle.
Il renferme nombre de prophéties amoureuses, et a été illustré avec les planches sur cuivre de l'*Amour divin.*

926. Arias Montanus. Antiquitatum Judaicarum libri IX. In quis, præter Judææ, Hierosolymorum, et templi Salomonis accuratam delineationem, præcipiu sacri ac profani gentis ritus describuntur. *Lugduni Batavorum, ex off. Plantiniana, apud Franciscum Raphelengium,* 1693 ; in-4, veau brun, dos orné, fil.   40 fr.

Livre rare, orné de 17 planches gravées en taille-douce.

927. Art (L') de connoitre les femmes, avec des pensées libres sur divers sujets, et une dissertation sur l'adultère, par le chevalier Plante-Amour (Fr. Bruys). *Amsterdam, Michel,* 1749 ; in-12, veau fauve, dos orné, fil.   12 fr.

928. Artagnan. Mémoires de M. d'Artagnan, capitaine-lieutenant de la première compagnie des Mousquetaires du Roi, contenant quantité de choses particulières et secrettes qui se sont passées sous le règne de Louis le Grand (par Sandras de Courtilz). *Cologne, Pierre Marteau,* 1700 ; 3 vol. in-12, veau brun.   70 fr.

Alexandre Dumas s'est servi de ces mémoires pour créer son immortelle trilogie des Mousquetaires.

929. Audebert. Histoire naturelle des singes et des makis. *Paris,*

Desrais (1800); gr. in-fol., demi-rel. basane, *non rogné*.   100 fr.

Bel exemplaire sur PAPIER VERGÉ, orné de 63 planches coloriées.

930. **Audin**. Histoire de Léon X et de son siècle. Troisième édition. *Paris, Maison*, 1850 ; 2 vol. in-8, br.   6 fr.

931. **Audsley** et L. **Bowes**. La Céramique Japonaise, édition française publiée sous la direction de M. A. Racinet. *Paris, Didot*, 1880 ; 2 vol. in-fol., demi-rel. dos et coins de mar. rouge, dos orné, tête dor., *non rognés*.   150 fr.

55 planches en couleur.

932. **Aulnoy** (Comtesse d'). La Cour et la ville de Madrid vers la fin du XVIIe siècle. Relation du voyage d'Espagne. Edition nouvelle, revue et annotée par Mme B. Cary. *Paris, E. Plon*, 1874 ; in-8, portr., br. 4 fr.

933. **Babié** (F.). et L. **Beaumont**. Galerie militaire, ou notices historiques sur les généraux en chef, généraux de division, etc. ; vice-amiraux, contre-amiraux, etc., qui ont commandé les armées françaises depuis le commencement de la Révolution jusqu'à l'an XIII. *Paris, Barba, an XIII* (1805); 7 vol. in-12, demi-rel. dos et coins de mar. rouge, tr. rouge (*Emile Rousselle*). 60 fr.

Nombreux portraits en taille-douce. Très bel exemplaire.

934. **Bachelet** et **Dezobry**. Dictionnaire général des Lettres, des Beaux-Arts et des Sciences morales et politiques. *Paris, Delagrave*, 1886 ; 2 vol. gr. in-8, br.   15 fr.

935. **Bacler d'Albe**. [Promenades pittoresques et lithographiques dans Paris et ses environs. *Paris*, 1822] ; in-fol., *en feuilles*. 60 fr.

45 planches lithographiques (sur 48) très intéressantes pour l'iconologie parisienne à l'époque de la Restauration : Monuments, vues, sites, etc.

936. **Bade** (Josse). La Grand Nef des Folles. Composée suyvant les cinq sens de nature, selon l'evangile de monseigneur S. Matthieu, des cinq vierges qui ne prindrent point d'huylle avec elles pour mettre en leurs lampes. *Lyon, Jean d'Ogerolles*, 1583 ; pet. in-4, veau fauve, dos orné (*Rel. anc.*). 125 fr.

Curieuses figures sur bois. Cette édition

renferme quelques exhortations qui ne se trouvent pas dans les précédentes.

937. **Balbi** (Adrien). Abrégé de géographie, ouvrage adopté par l'université. 5e édition, revue et considérablement augmentée d'après les derniers traités et les découvertes les plus récentes. *Paris, Renouard*, 1869-1873 ; 2 vol. gr. in-8, demi-rel. mar. rouge, tête dor., *non rognés*.   8 fr.

938. **Balzac** (Guez de). Le Barbon. *Paris, Courbé*, 1648 ; in-8, veau fauve.   15 fr.

ÉDITION ORIGINALE. Frontispice par *Chauveau*. Exemplaire en GRAND PAPIER.

939. **Balzac** (Guez de). Les Œuvres diverses. *Paris, Rocolet*, 1644 ; in-4, veau marbr.   10 fr.

Aux armes de BOUTHILLIER DE CHAVIGNY. Un plat de la reliure détaché.

940. **Barbey d'Aurevilly**. XIXe siècle. Les Œuvres et les hommes. *Paris, Frinzine et Lemerre*, 1885-1895 ; 6 vol. in-8, br.   30 fr.

Les Critiques ou les juges jugés. — Sensations d'art. — Sensations d'histoire. — Les Philosophes et les écrivains religieux. — Mémoires historiques et littéraires. — Journalistes et polémistes, chroniqueurs et pamphlétaires.

941. **Barbieri**. La Supplica. Discorso famigliare di Nicolo Barbieri detto Beltrame diretta a quelli che scrivendo a parlando trattano de comici trascurando i meriti delle azzioni virtuose. Lettura per que galanthuomini che non sono in tutte critici ne affato balordi. *In Venezia, per Mario Ginammi*, 1634; in-8, vélin à recouvrements. 5 fr.

Titre curieux gravé sur cuivre.

942. **Barthélemy** et **Méry**. Napoléon en Egypte. Waterloo et le fils de l'homme ; précédés d'une notice littéraire par M. Tissot. – *Paris, Ernest Bourdin, s. d.* (1842) ; gr. in-8, demi-rel. chagrin rouge. 20 fr.

PREMIER TIRAGE de cette édition illustrée par *Horace Vernet* et *Hippolyte Bellangé* de 100 vignettes sur bois dont 17 tirées à part sur papier de Chine AVANT LA LETTRE. La dernière figure hors texte manque.

943. **Bartsch** (Adam). Le Peintre-graveur (Ecoles flamande, hollandaise, allemande et italienne). *J.-V. Degen*, 1802-1821 ; 21 vol. in-8, pl., br.   220 fr.

ÉDITION ORIGINALE, avec la rare suite des 16 planches gravées par *Bartsch*.

Achat de Bibliothèques

944. Basan. Dictionnaire des Graveurs anciens et modernes depuis l'origine de la gravure, par F. Basan. Seconde édition, considérablement augmentée. *Paris*, 1789 ; 2 vol. in-8, fig., demi-rel. chagrin violet, *non rognés*.   120 fr.

> Ouvrage réputé, orné de 2 frontispices par *Cochin* et *Pierre*, de 50 figures par *Aliamet, Bertaux, Callot, Choffard, Cochin, Eisen, Della Bella, Marillier, Moreau, B. Picart, Watelet, Weirotter*, etc., etc., et de 3 en-têtes par *Choffard*. Bel exemplaire.

945. Bausset (L.-F.-J. de). Mémoires anecdotiques sur l'intérieur du palais et sur quelques évènemens de l'Empire, depuis 1805 jusqu'au 1er mai 1814, pour servir à l'histoire de Napoléon. *Paris, Baudoin*, 1827 ; 4 vol. in-8, portr., fac-simile, br.   35 fr.

> Portraits de Napoléon, de Joséphine et de Marie-Louise.

946. Beaulieu. Les Plans et profils des principales Villes et lieux considérables des principautés, duchés et comtés de Brabant, Cambray, Haynault, Namur, Limbourg, Bar, Artois et Flandre) avec la carte générale et les particulières de chaque gouvernement par le Sieur de Beaulieu. *Paris, l'auteur, s. d. (vers 1700)* ; 1 vol. in-4 obl., veau (*Rel. anc.*)   40 fr.

> Ce volume renferme 225 vues et plans de villes et places fortes conquises par Louis XIV ou ayant été le théâtre de sièges ou combats faits par ce Roi.

947. Beaumarchais. La Folle Journée ou le Mariage de Figaro. Comédie en cinq actes en prose par M. de Beaumarchais. *De l'Impr. de la Société Littéraire typographique et se trouve à Paris, chez Ruault*, 1785 ; in-8, mar. rouge, dos orné, fil., tr. dor. (*Marius-Michel*).   250 fr.

> Bel exemplaire tiré sur GRAND PAPIER VÉLIN, contenant la suite des 5 figures dessinées par *Saint-Quentin*, gravées par *Halbou, Liénard* et *Lingée*.

948. Belgrand (Eug.). Les Travaux souterrains de Paris. Etudes préliminaires. La Seine — Les aqueducs romains — Les anciennes eaux — Les eaux nouvelles. *Paris, Dunod*, 1873-1882 ; 4 vol. in-8 de texte et 4 vol. in-fol. de planches, demi-rel. chagr. vert.   75 fr.

> 159 planches. Ouvrage publié à 195 fr.

949. Bellori (J.-P.). Veteres Arcus. Augustorum Triumphis insignes ex reliquis quae Romae adhuc supersunt. *Romæ*, 1690 ; in-fol., cart.   25 fr.

> 52 planches gravées sur cuivre.

950. Bernard (Aug.). Geoffroy Tory, peintre et graveur, premier imprimeur royal. Deuxième édition. *Paris, Tross*, 1865 ; in-8, br.   5 fr.

> Biographie de Tory, et bibliographie des ouvrages publiés par ce célèbre imprimeur français du XVIe siècle.

951. Bernis. Œuvres complètes de M. le C. de B*** (cardinal de Bernis). Dernière édition. *Londres (Paris, Cazin)*, 1777 ; 2 vol. pet. in-12, portr., veau, dos orné, tr. dor.   5 fr.

952. Béroalde de Verville. Le Moyen de Parvenir. Nouvelle édition. *S. l.*, 100070073 (1773) ; 2 vol. in-12, front., br.   15 fr.

> Frontispice avec portrait de l'auteur.

953. Berry (Recueil de pièces sur l'assassinat du duc de). *Paris*, 1820 ; in-8, demi-rel. chagr. brun.   8 fr.

> *Hapdé*. Relation historique, heure par heure, des évènements funèbres de la nuit du 13 février 1820 (mort du duc de Berry). *Paris*, 1820. — Détail authentique sur l'assassinat commis sur Mgr le duc de Berry. *Nancy*, 1820. — *Feutrier*. Discours à la mémoire de Ch.-Ferdin. d'Artois, duc de Berri, *Paris*, 1820. — *De Boulogne*. Oraison funèbre de Mgr le duc de Berry. *Paris*, 1820. — *Patris-Debreuil*. Eloge de Louis XVIII, roi de France. *Paris*, 1815. — Testament de Louis XVI.

954. Beverlandi (Hadriam) De Fornicatione cavenda ad monitio. Sive ad hortatio ad pudicitiam et castitutem. *Juxta exemplar Londinense*, 1698 ; in-12, veau fauve. 12 fr.

> Très rare.

955. Bibiena (J.-G. de). Le petit Toutou, par M. de Bibiena. *Amsterdam (Paris)*, 1746 ; in-12, veau brun.   6 fr.

> ÉDITION ORIGINALE ornée d'une vignette sur le titre gravée par *De Lafosse*. Raccommodage au dernier feuillet.

956. Bible (la Sainte), contenant le Vieil et le Nouveau Testament. Enrichie de plusieurs belles figures. *Paris, Gerard Jollain*, 1703 ; in-4 oblong, veau.   25 fr.

> Titre et 118 figures gravées sur cuivre.

Et de Livres anciens et modernes

957. Bibliothèque de poche par une Société de gens de lettres et d'érudits (Lud. Lalanne, Ed. Fournier, Léon de Wailly). *Paris, Paulin*, 1845-1855 ; 6 vol. in-12, *brochés*.   25 fr.

    Curiosités littéraires, biographiques, militaires, des beaux-arts et de l'archéogie, philologiques et géographiques, des traditions, légendes et usages.

958. Billault (Adam). Les Chevilles de M⁰ Adam, menuisier de Nevers. Seconde édition augmentée par l'auteur. *Rouen, Jacques Cailloué,* 1654 ; in-8, parchemin.   10 fr.

959. Billaut (Adam). Le Vilebrequin de M⁰ Adam, menuisier de Nevers. Contenant toutes sortes de poësies gallantes, tant en sonnets, épistres, épigrammes, elegies, madrigaux, que stances et autres pièces. *Paris, G. de Luyne*, 1663 ; pet. in-12, veau fauve, dos orné, tr. dor. *(Bozérian)*.   30 fr.

    ÉDITION ORIGINALE.

960. Blanc (Charles). Histoire des Peintres de toutes les écoles. *Paris, Renouard*, 1861-1876 ; 14 vol. in-4, demi-rel. chag. rouge, éb. - 275 fr.

    Bel exemplaire.

961. Blanche, infante de Castille, mère de S. Louis, reyne et régente de France (par Charles de Combault, baron d'Auteuil). *Paris, A. de Sommaville et Aug. Courbé,* 1664 ; in-4, front. et portr., veau fauve.   6 fr.

962. Blessebois (Corneille). Théâtre. *Paris (impr. Jouaust)*, 1864; in-12, cuir de Russie, dos orné, fil. à froid, milieux, tr. rouge.   15 fr.

    Les Soupirs de Sifroi. — L'Eugénie. — La Victoire spirituelle.
    Tirage à petit nombre, dont 100 exemplaires numérotés mis dans le commerce.

963. Bleunard (A.). La Babylone électrique. Illustrations de Montader. *Paris, Quantin, s. d.*; in-4, br.   5 fr.

    Couverture en couleur.

964. Boccace. Les Neuf Livres de Jehan Boccace des cas des nobles hommes et femmes. *S. l. n. d.*; in-4, ais de bois recouverts de veau estampé. *(Rel. anc.)*.   350 fr.

    Rare et curieux manuscrit du XV⁰ siècle, écrit sur papier et composé de 576 ff.
    Il renferme la traduction intégrale des neuf livres de Boccace « des Nobles malheureux » par Laurent de Premierfait (de Troyes). Les 13 premiers ff. sont consacrés à la table générale de l'ouvrage, les 8 suivants aux deux « Prologues » et le reste aux neuf livres.

    Il se termine au recto du dernier feuillet par cette mention : *Cy fine le livre de Jehan Boccace des cas des nobles malheureux hommes et femmes ; translaté de latin en francoys par Laurens du premier fait clerc du dyocèse de Troyes. Et fut finee cette translation l'an mil iiiic et ix* (1409) *le lundi après pasques closes.* »

    Le f. 14 (1ᵉʳ du Prologue) manque et le début et la fin de ce ms. sont atteints par de légères piqûres de vers. La reliure est fatiguée.

965. Boileau (Étienne). Les Métiers et corporations de la Ville de Paris, *Paris, Impr. Nationale*, 1879; in-4. cart.   12 fr.

    Ouvrage important pour l'histoire de Paris, illustré de plusieurs fac-similés.

966. Bosquerard. Abrégé de la vie de feu Messire Henry-Marie Boudon, prêtre, docteur en théologie et grand archidiacre d'Evreux, composé par Bosquerard, curé de S. Nicolas de Rouen. *S. l. n. d.;* in-8, mar. rouge, dos orné, fil., tr. dor. *(Rel. anc.)*.   60 fr.

    Manuscrit sur papier exécuté avec soin au XVIIIᵉ siècle. Il comprend 370 pages d'une bonne écriture bâtarde. L'auteur était originaire d'Evreux où il naquit en 1643 et où il mourut en 1705.

967. Bossuet (Jacques - Benigne). Défense de l'Histoire des Variations contre la réponse de M. Basnage, ministre de Roterdam. *Paris, J. Anisson,* 1691; in-12, veau. 8 fr.

    ÉDITION ORIGINALE. Cachet sur le titre.

968. Bossuet. Traitez du libre-arbitre et de la concupiscence. *Paris, B. Alix*, 1731 ; in-12, veau.   8 fr.

    PREMIÈRE ÉDITION.
    Ce traité du Libre arbitre est suivi du traité de la concupiscence. Signature sur le titre.

969. Boubée (Simon). Main-de-Cire. *Paris, Piaget*, 1888; in-12, cart., non rogné.   65 fr.

    ÉDITION ORIGINALE. Exemplaire sur PAPIER DE HOLLANDE, enrichi, sur le faux-titre et dans les marges, de 6 aquarelles de H. de Sta.

970. Bouchard (Alain). Les Croniques Annalles des pays d'Angleterre et Bretaigne, contenant les faicz et gestes des roys et princes qui ont regné audit pays, et choses dignes de memoire advenues durant leurs regnes puis Brutus jusques au trepas du feu duc de Bretaigne Françoys second du nom dernier decedé. Augmentées et continuées jusques en l'an 1531. *Paris, Galiot du Pré*, 1531 ; in-fol. goth., peau de mouton. 200 fr.

Très rare édition imprimée par Antoine Cousteau pour Galiot du Pré. Elle comprend 10 ff. lim. et 233 ff. de texte, avec figures sur bois, et fut achevée le 11 septembre 1531.

Exemplaire dans son état primitif ayant une reliure à remplacer et la plupart de ses feuillets mouillés.

971. **Bouchet** (Guill.). Les Serées de Guillaume Bouchet, sieur de Broncourt, divisées en trois livres. Edition dernière augmentée et reveue par l'auteur. *Lyon, Sim. Rigaud*, 1615 ; 3 tomes en 2 vol. pet. in-8, bas. 30 fr.

Bonne édition. Nom sur le titre et légère mouillure au tome 1er.

972. **Bouchet** (Jean). Les Anciennes et modernes Genealogies des roys de France et mesmement du roy Pharamond avec leurs Epitaphes et effigies. Nouvellement imprimez à Paris. *On les vend à Paris par Arnoul et Charles - les Angeliers frères* (1537) ; pet. in-8 de 16-158 ff. goth., mar. brun, dos orné, comp. de fleurs de lis à froid, tr. dor. (*Capé*). 120 fr.

Belle édition ornée de jolis portraits gravés sur bois.

Exemplaire portant sur le titre la signature de GUYON DE SARDIÈRE répétée au dernier feuillet.

973. **Bouchet** (Jean). Les Annales d'Acquitaine, faitz et gestes en sommaire des roys de France et d'Angleterre, et des pays de Naples et de Milan. Nouvellement corrigées, avec aucunes additions de la duché de Bourgongne et conté de Flandres. *S. l. n. d.* (*Poitiers*, 1525) ; in-fol. goth., veau fauve, dos orné, fil. et dent. (*Rel. anc.*). 150 fr.

L'une des premières éditions de ce livre.

974. **Bouquet** (F.). Rouen aux principales époques de son histoire jusqu'au dix-neuvième siècle. Seconde édition revue et considérablement augmentée. *Rouen, Augé*, 1886 ; gr. in-4, br. 25 fr.

32 eaux-fortes sur Chine monté et 20 vignettes par *Maxime Lalanne, Brunet-Debaines, Toussaint, Adeline* et *Nicolle*.

975. **Bourassé**. La Touraine. Histoire et monuments. *Tours, Mame*, 1855 ; in-fol., demi-rel. chagrin rouge, plats toile, tr. dor. 70 fr.

Très bel ouvrage orné de nombreuses figures dans le texte et hors texte.

976. **Bourdin** (Gilles). La Paraphrase de M. Gilles Bourdin, procureur général en la cour de Parlement de Paris, sur l'ordonnance de l'an mil cinq cens trente-neuf. *Paris, Jean Borel*, 1578 ; pet. in-8, veau brun. 5 fr.

977. **Bourget** (Paul). Œuvres de Paul Bourget. *Paris, Alphonse Lemerre*, 1885-1891 ; 4 vol. pet. in-12, portr., br. 35 fr.

Poésies. 2 vol. — L'Irréparable. — Cruelle énigme.

L'un des 25 exemplaires sur PAPIER DE CHINE.

978. **Bourrienne**. Mémoires de M. de Bourrienne, ministre d'Etat, sur Napoléon, le Directoire, le Consulat, l'Empire et la Restauration. *Paris et Londres, Colburn et Bentley*, 1831 ; 10 tomes en 5 vol. in-8, demi-rel. veau fauve. 30 fr.

Portraits et vignettes.

979. **Briseux**. Architecture moderne ou l'art de bien bâtir pour toutes sortes de personnes, tant pour les maisons des particuliers que pour les palais (par Charles-Étienne Briseux). *Paris, Claude Jombert*, 1728 ; 2 vol. in-4, veau brun. 60 fr.

144 planches : plans, profils, élévations, décorations.

980. **Brispot** (L'abbé). La Vie de N. S. Jésus-Christ écrite par les quatre Evangélistes, coordonnée, expliquée et développée par les S.S. pères, les docteurs et les orateurs les plus célèbres et les hommes les plus éminents qui aient paru dans l'église. *Paris, Pilon*, 1853 ; 2 vol. in-fol., front., demi-rel. chagr. brun. 20 fr.

Ouvrage illustré de 130 gravures sur acier de Rouargue, tirées sur papier de Chine.

981. **Brisseau**. Observations faites par M. Brisseau, medecin-major des hopitaux d'armées, professeur d'Anatomie. *Douay, impr. de J.-J. A. Taverne*, 1716 ; in-12, mar.

rouge, dos orné, fil., tr. dor. (*Rel. anc.*). 15 fr.

Exemplaire provenant de la bibliothèque d'A. DINAUX.

982. Brosses (Charles de). L'Italie il y a cent ans, ou lettres écrites d'Italie à quelques amis en 1739 et 1740, publiées par M. R. Colomb. *Paris, Alph. Levavasseur,* 1836 ; 2 vol. in-8, br. 7 fr.

983. Brulliot (F.). Dictionnaire des Monogrammes, marques figurées, lettres initiales, noms abrégés, etc., avec lesquels les peintres, dessinateurs, graveurs et sculpteurs ont désigné leurs noms. *Munich, Gotta,* 1832-1834 ; 3 part. en un vol. in-4, demi-rel. mar. La Vallière, tr. peigne (*Lortic*). 65 fr.

Édition la plus estimée de cet ouvrage.

984. Bulliard. Herbier de la France ou collection complète des plantes indigènes de ce royaume avec leurs détails anatomiques, leurs propriétés et leurs usages en médecine. *Paris, l'auteur,* 1780 ; 4 vol. infol., cart., *non rognés.* 200 fr.

512 planches coloriées sur lesquelles il en manque 75 dans cet exemplaire.

985. Burgaud des Maretz. In p'tit Pilot d'Achet (sauve le raspec de la compagnie) qui sont reinséq' neissut et qu'in noumé Beurgau, de Jarnat fait prasan à sés cher bons amit les saintonjoais peur leû peurmié de l'an 1860. *Paris, Firmin-Didot,* 1860 ; in-16 carré, demi-rel. dos et coins de mar. rouge, tête dor., *non rogné.* 10 fr.

Rare volume, imprimé sur PAPIER VERT, de ce poème en patois saintongeais.

986. Buvard du XVIIe siècle ; in-4, en maroquin rouge orné d'une jolie dentelle à petits fers et d'une guirlande de fleurs dans chacun des angles des plats (*Rel. anc.*) 150 fr.

Haut. : 315 mm. ; larg. : 250 mm.

987. Cabinet (Le) des Beaux-Arts, ou Recueil d'estampes gravées d'après les tableaux d'un plafond, où les Beaux-Arts sont représentés. Avec l'explication de ces mêmes tableaux (en prose et en vers, par Ch. Perrault). *Paris, G. Edelinck,* 1690 ; in-4 oblong, veau brun. 15 fr.

Texte entièrement gravé et 13 planches par *Corneille, Bonnart, Le Pautre,* Edelinck, *Audran, Simonneau,* etc. — Reliure fatiguée.

988. Cabinet (Le) du Roy de France, dans lequel il y a trois perles précieuses d'inestimable valeur. *S. l.,* 1582 ; pet. in-8, basane verte, dos orné, dent., tr. dor. (*Rel. anc.*). 25 fr.

Traité attribué à Nicolas Barnaud et à Froumenteau.

989. Cabinet (Le) du Roy Louis XI, contenant plusieurs fragmens, lettres missives, et secrètes intrigues du règne de ce monarque et autres pièces très curieuses (par Tristan l'Hermite de Soliers). *Paris, Quinet,* 1661 ; in-12, front., veau. 15 fr.

Ce livre est extrait de la chronique de Louis XI, et se rapporte surtout à Antoine de Chabannes, comte de Dammartin.

990. Callot (Jacques). NOUVEAU TESTAMENT faict par Jacques Callot qui na sceu finir le reste prevenu de la mort l'année 1635. *Paris, Israël Henriet exc.,* s. d. ; in-16 oblong, vélin (*Rel anc.*). 1.500 fr.

Suite de onze pièces y compris le titre par *A. Bosse ;* elle est complétée par la gravure de *Saint Jean dans le Désert* (Meaume, 37-47). Epreuves AVANT LES LÉGENDES.

Le même volume renferme :

1. La Vie de l'Enfant prodigue, 1635 (53-63). 11 pièces, épreuves AVANT LES NUMÉROS.

2. Les Fantaisies de noble J. Callot. *Paris, Israël,* 1635 (868-881). 14 pièces y compris le titre, épreuves AVANT LES NUMÉROS.

3. Misère (sic) de la guerre fait par J. Callot. *Paris, Israël Henriet,* 1636 (557-563), titre et 6 pièces.

4. Exercices militaires fait par noble J. Callot. *Paris, Israël,* 1635 (582-594), titre et 12 pièces, épreuves AVANT LES NUMÉROS.

5. Le Rencontre à l'épée et la Rencontre au pistolet (595-596), 2 pièces, épreuves AVANT LES NUMÉROS.

6. Balli di Sfessania di Jacomo Callot (641-664), 24 pl., épreuves AVANT LES NUMÉROS.

Ensemble 83 pièces.

Ce recueil dans sa première reliure est composé d'épreuves très fraiches et très brillantes à toutes marges.

991. Campan (Mme). Mémoires sur la vie privée de Marie-Antoinette, suivis de souvenirs et anecdotes historiques sur les règnes de Louis XIV, de Louis XV et de Louis XVI. *Paris, Mongie et Baudouin,* 1822 ; 3 vol. in-8, portr., demi-rel. veau fauve, dos orné, tr. mar. (*Bibolet*) 25 f.

ÉDITION ORIGINALE.

992. Campan (Mme). Mémoires sur la vie privée de Marie-Antoinette, suivis de souvenirs et anecdotes historiques sur les règnes de Louis XIV, de Louis XV et de Louis XVI. Publiés et mis en ordre par F. Barrière. *Paris, Baudouin,* 1826; 1826; 3 vol. in-8, cart., *non rognés.*   15 fr.

993. Caquet-Bonbec, la poule à ma tante. Poème badin. (Par J.-B. de Junquières). Seconde édition, revue et augmentée. *S. l.,* 1763; in-12, demi-mar. olive.   5 fr.

Frontispice de *Gravelot,* gravé par *Baquoy.*

994. Caquet-Bonbec, la poule à ma tante, poème en sept chants. Nouvelle édition (par de Junquières). *Paris, Drost,* 1802; in-12, demi-rel.chagr.bleu,*non rogné.*4fr.

Titre-frontispice gravé.

995. Cardonne (G. de). L'Empereur Alexandre II. Vingt-six ans de règne (1855-1881). *Paris, Jouvet,* 1883; gr. in-8, portr., br.   4 fr.

996. Cartouche (Procès de). Arrêts de la Cour de Parlement contre Cartouche et ses complices. *Paris, Delatour et Simon,* 1722; in-4, cart.   10 fr.

Recueil de 59 arrêts rendus par le parlement de Paris dans ce procès célèbre.

997. Casanova de Seingalt. Histoire de ma fuite des prisons de la République de Venise qu'on appelle les Plombs. *Bordeaux, Vve Moquet,* 1884; gr. in-8, portr. et fig., br.   7 fr.

Exemplaire tiré sur PAPIER VERGÉ DE HOLLANDE.

998. Casanova (J.). Mémoirs. Translated from the original french edition by Tolliab (Baillot). *Brunswick, Neuhoff,* 1863; 6 vol. in-12, br.   10 fr.

999. Castres. Relation d'un Voyage sur le bord septentrional de la mer d'Azof et en Crimée dans la vue d'y établir une colonie d'émigrés; par le comte de Castres. *Paris, Kilian,* 1826; in-8, veau fauve, dos orné, dent. à froid, tr. marbr. 10 fr.

Exemplaire au chiffre de Marie-Caroline, duchesse de BERRY.

1000. Catani (Baldo). La Pompa funerale fatta dall Illmo et Rev. sig. Cardinale Montalto nella traporta-tione dell'ossa di papa Sisto il Quinto. *Roma, nella stamperia Vaticana,* 1591; in-4, veau.   15 fr.

14 planches gravées sur cuivre. Exemplaire aux armes.

1001. Catullus, Tibullus, Propertius. (In fine) : *Venetiis, in ædibus Aldi et Andreae Soceri mense martio* 1515; pet. in-8, mar. vert, riches comp. sur les plats, tr. dor. et ciselée (*Rel. anc.*).   300 fr.

Belle reliure du XVIe siècle ornementée de rinceaux à petits fers d'une combinaison des plus artistiques et des plus gracieuses.

1002. Cervantès. L'Ingénieux Hidalgo don Quichotte de la Manche. Traduction de Louis Viardot, avec les dessins de G. Doré, gravés par H. Pisan. *Paris, Hachette,* 1863; 2 vol. in-fol., percal., *non rognés.* 80 fr.

PREMIÈRE ÉDITION illustrée de 370 dessins de G. Doré.

1003. Chabouillet. Description des Antiquités et objets d'art composant le cabinet de M. Louis Fould. *Paris, Claye,* 1861; in-fol., br. 20fr.

Ouvrage tiré à 300 exemplaires et orné de 39 planches gravées en taille-douce par Varin.

1004. Chamborant de Périssat. L'Armée de la Révolution, ses généraux et ses soldats. 1789-1871. *Paris, E. Plon,* 1875; in-8, br. 3fr.

1005. Chansons. Recueil manuscrit de chansons de Desaugiers, Béranger, et autres auteurs modernes. *S. l. n. d.;* in-8, mar. vert, dos orné, large dent. à froid, tr. dor.   100 fr.

Une jolie miniature, médaillon représentant une scène de buveurs chantant, a été insérée et sertie au centre du premier plat.

1006. Chanzy (Général). La deuxième armée de la Loire. Quatrième édition. *Paris, Henri Plon,* 1872; in-8, br.   3 fr.

1007. Charlevoix (le P. de). Histoire du Paraguay. *Paris, Gancau,* 1757; 6 vol. in-12, cartes, veau marbr., tr. rouge.   20 fr.

Ouvrage réputé.

1008. Chaumier (Siméon). L'Hôtel de Petau-Diable. *Paris, His,* 1836; 2 tomes en un vol. in-8, demi-rel. dos et coins de mar. bleu, tête dor., *non rogné.*   5 fr.

Raccommodages aux titres.

Et de Livres anciens et modernes

1009. Chaussard. Fêtes et Courtisanes de la Grèce. *Paris, Buisson*, 1801 ; 4 vol. in-8, fig., basane. 25 fr.

ÉDITION ORIGINALE.

1010. Chaussard. Jeanne d'Arc. Recueil historique et complet. *Orléans, Darnault-Maurant*, 1806 ; 2 tomes en un vol. in-8, fig., bas. 8 fr.

Cet ouvrage est rédigé d'après les documents des archives de France.

1011. Cheffontaine. Chrestienne confutation du poinct d'honneur, sur lequel la noblesse fonde aujourd'huy ses monomachie et querelles. Revue et augmentée. *Paris, Arnold Sittart*, 1586 ; pet. in-8, veau fauve, dos orné, fil., tr. dor. (*Rel. anc.*). 20 fr.

Écrit contre le Duel. Nom gratté sur le titre.

1012. Chefs-d'œuvre d'art (Les) au Luxembourg, publiés sous la direction de M. Eug. Montrosier, avec le concours littéraire de M. L. Allard, Th. de Banville, Champfleury, J. Claretie, F. Coppée, A. Daudet, Th. Gautier, A. Houssaye, J. Janin, Lamartine, G. Sand, Theuriet, L. Ulbach, Ch. Yriarte, etc., etc., poésies d'Adrien Dézamy. *Paris, Baschet*, 1881 ; in-fol., en livraisons, dans un carton. 60 fr.

Exemplaire sur PAPIER DE HOLLANDE, avec gravures sur Chine.

1013. Cherville (G. de). Les Chiens et les Chats. Préface d'Alex. Dumas. *Paris, librairie de l'Art*, 1888 ; in-4, cart. toile rouge, tr. dor., *non rogné*. 15 fr.

6 eaux-fortes et 115 dessins d'*Eugène Lambert*.

1014. Chevillard (Jacques). Chronologie des Rois de France depuis Faramond jusqu'à présent (Louis XIV). *Paris, Chevillard, s. d.* ; une feuille in-plano, montée sur toile. 40 fr.

Blasons gravés en taille-douce de tous les rois et reines de France depuis l'origine de la monarchie jusqu'à Louis XIV. Rare.

1015. Chevillard. Empereurs et Impératrices d'Occident. *Paris, Chevillard* (vers 1720) ; pet. in-fol., cart. 25 fr.

Recueil des armoiries gravées en taille-douce, montées sur feuillets, de tous les Empereurs et Impératrices d'Allemagne depuis Charlemagne (800) jusqu'à Charles VI (1711).

1016. Chevræana. *Paris, Florentin et Pierre Delaulne*, 1697 ; in-12, veau fauve, dos orné, fil. (*Rel. anc.*). 15 fr.

Cette ÉDITION ORIGINALE a été publiée par Urbain Chevreau lui-même. Elle renferme nombre de pensées délicates que l'on ne trouve pas toujours dans ces sortes de recueils.
Bel exemplaire.

1017. Choiseul-Gouffier. Voyage pittoresque de la Grèce. *Paris*, 1782-1809 ; 3 tomes en 5 vol. in-fol., cart. 120 fr.

1 portrait par *Dien* d'après *Bailly*, 18 fleurons par *Moreau le jeune*, 100 planches par *Choiseul Gouffier, Hilair et Moreau*, gravées par *Choffard, Delignon, Dambrun, Duclos, Le Mire*, etc., et 24 cartes.

1018. Chorier. Joannis Meursii Elegantiæ latini sermonis, seù Aloisia Sigæ Toletana de arcanis Amoris et Veneris. Adjunctis fragmentis quibusdam eroticis (edente Moet). *Lugd. Batavorum, ex typis elzevirianis (Parisiis)*, 1774 ; in-8, veau, dos orné, fil., tr. dor. (*Rel. anc.*). 30 fr.

1019. Chorier. Aloisiæ Sigeæ Toletanæ Satyra Sotadica de Arcanis Amoris et Veneris. Aloisia hispanice scripsit, latinitate donavit Joannes Meursius. *Parisiis, cura et studio Isidori Liseux*, 1885 ; in-16, br. 6 fr.

Ce livre, dont il a été fait d'innombrables éditions sous le titre de *Joannis Meursii Elegantiæ Latini sermonis*, est en réalité l'œuvre d'un juriconsulte français du XVIIe siècle, Nicolas Chorier : un écrivain nourri du plus pur miel de l'Antiquité, et que bien des érudits considèrent comme le dernier classique latin. Déjà, il y a près d'un siècle et demi, les éditeurs de la collection Barbou lui assignaient sa place entre Virgile et l'*Imitation de Jésus-Christ*. Les latinistes contemporains seront heureux de le retrouver ici, dans une édition plus correcte et plus lisible qu'aucune de ses devancières.

1020. Chronicon Saxonicum ex Mss Codicibus nunc primum integrum édidit ac latinum fecit. Edmundus Gibson. *Oxonii*, 1692 ; in-4, veau, dos orné. 20 fr.

Curieuse chronique, dont cette édition donnée par Gibson est la meilleure.

1021. Chronique scandaleuse. Histoire de Louis XI, roy de France, et des choses mémorables advenues de son règne, depuis l'an 1460 jusques à 1483, aultrement dicte la Chronique scandaleuse escrite par un greffier de l'hostel de ville de Paris (Jean de Troyes). *Imprimée sur le vray original*, 1620. — Addition à l'histoire de Louis XI, contenant plusieurs recherches curieuses sur diverses matières par Gabr. Naudé. *Paris, Fr. Targa*, 1630. Ens. 2 tomes en 1 vol. in-8, veau marbr., dos orné. 35 fr.

1022. Chronique (la) scandaleuse ou Mémoires pour servir à l'histoire de la génération présente. *Paris, dans un coin où l'on voit tout*, 1785-1791 ; 5 tomes en 3 vol. in-12, demi-rel. bas. 35 fr.

Rare collection d'anecdotes délicates rédigées par G. Imbert et autres.

1023. Cicéron. Vonn Gebüre und Billicheit. Des fürtreffichen hochberumpten Romers M. T. Ciceronis, drei Bücher an seinen Sün Marcum. *Gedruckt zu Frankfurt am Meyn, bei Chr. Egenolff*, 1550 ; in-fol. de 4 ff. lim. et 91 ff. chiffrés, fig. sur bois, mar. rouge, fil., dos orné, tr. dor. (*Belz-Niedrée*). 350 fr.

Édition ornée de 103 figures sur bois, gravées par *Hans Scheufelein* et *Burgkmaier*. Très bel exemplaire.

1024. Clément (Charles). Géricault, étude biographique et critique avec le catalogue raisonné de l'œuvre du maitre. Troisième édition augmentée. *Paris, Didier*, 1879 ; in-8, br. 15 fr.

Trente planches d'après les dessins, les lithographies et les tableaux de *Géricault*.

1025. Clément (Ch.). Gleyre, étude biographique et critique avec le Catalogue raisonné de l'œuvre du maître. *Paris, Didier et Cie*, 1878 ; gr. in-8, br. 10 fr.

Ouvrage orné de 30 photogravures.

1026. Coffret en bois recouvert de mar. rouge avec dentelles, intérieur garni de soie bleue, serrure en argent doré. 1,200 fr.

Beau coffret du dix-huitième siècle ; la serrure et la dentelle du plat supérieur sont ornées d'armoiries. Bonne conservation.
Longueur, 0 m. 43 c. ; largeur, 0 m. 27 ; hauteur, 0 m. 13 c.

1027. Collection de M. John W. Wilson exposée dans la galerie du cercle artistique et littéraire de Bruxelles. *Paris, J. Claye*, 1873 ; in-4, br. 40 fr.

TROISIÈME ÉDITION. Exemplaire sur PAPIER DE HOLLANDE, orné de 68 eauxfortes par *Boilvin, Chauvel, Gaucherel, Jacquemart, Lalauze, Waltner*, etc.

1028. Combat (Le) de trente Bretons contre trente Anglais. *Paris, Impr. de Crapelet*, 1827 ; gr. in-8, cart., *non rogné*. 15 fr.

Frontispice et armoiries des 30 chevaliers bretons.

1029. Comestor. HISTORIA SCHOLASTICA. (Autore Petrus Comestor). *S. l. n. d.* ; 1 tome en 2 vol. infol. goth., cart. 600 fr.

Rare incunable débutant par les mots : *Reuerendo patri ac dño suo Guilhelmo...* et se terminant à la 38e ligne de la 2e col. du recto du dernier feuillet. Il comprend 305 ff. (le 102e qui est blanc est collé sur la garde) imprimée à 2 colonnes de 42 lignes, sans chiffres ni réclame.

En tête est une épitre adressée à Guillaume (de Champagne), archevêque de Sens, par Pierre (Comestor), prêtre de Troyes, qui fut ensuite chancelier de l'église de Paris, où il mourut en 1198.

Panzer attribue l'impression de ce volume à un typographe anonyme de Strasbourg. Hain (n° 5530) la croit d'Urlic Zell de Cologne. Copinger (Suppl. à Hain), affirme qu'il sort des presses de Conrad de Homborch, de Cologne, et qu'il a été exécuté en 1475. Ce dernier bibliographe ne mentionne dans son excellent travail que les deux seuls exemplaires du Museum et de la Bibl. de l'Université de Cambridge.

Le 1er feuillet blanc manque. — Légères déchirures au début du volume.

1030. Comitis (Natalis). Mythologiæ, sive explicationis fabularum libri X. *Patavii, ex typ. Pauli Frambotti*, 1637 ; in-4, veau marb. 25 fr.

Cet ouvrage de Noël des Comtes est illustré de curieuses figures sur bois insérées dans le texte.

1031. Commines. Les Mémoires de Philippe de Commines, seigneur d'Argenton, contenant l'histoire des Roys Louis XI et Charles VII depuis l'an 1464 jusques en 1498. Edition revue et augmentée par Denys Godefroy. *Paris, Imp. Royale*, 1649 ; in-fol., veau (Rel. fatiguée). 15 fr.

1032. Conformitez (Les) des Cérémonies modernes avec les anciennes, où il est prouvé que les cérémonies de l'église romaine sont empruntées des payens. (Par P. Mussard). *S. l., Imprimé l'an* 1667 ; in-8, vélin. 6 fr.

Les pages 149 à 155 sont légèrement perforées.

Et de Livres anciens et modernes

1033. **Congrès** (Le) des Arts décoratifs tenu à l'Ecole nationale des Beaux-Arts du 18 au 30 mai 1894. Comptes rendus sténographiques. *Paris, s. d.* (1895) ; in-8, br. 8 fr.

Publié à 20 fr.

1034. **De la Connoissance** de Jésus-Christ, considéré dans ses mystères, et dans ses différentes qualités ou rapports avec Dieu son père. Avec des élévations sur chaque mystère de Jesus-Christ, et sur chacune de ses qualités. (Par Claussel, prêtre.) *Paris, Hérissant; Auxerre, Fr. Fournier*, 1762 ; 2 vol. in-12, mar. rouge, dos orné, fil., tr. dor. (*Rel. anc.*)   25 fr.

1035. **Contes à rire**, ou récréations françaises. Nouvelle édition corrigée et augmentée. *Paris*, 1781 ; 3 vol. in-12, cart. bradel, *non rognés*.   12 fr.

1036. **Contes à rire** et aventures plaisantes ou récréations françaises. Nouvelle édition revue et corrigée, avec préface par A. Chassant. *Paris, Th. Belin*, 1881 ; in-8, br. 10 fr.

Exemplaire sur PAPIER WHATMAN.

1037. **Contes en vers** imités du Moyen de Parvenir, par Autreau, Dorat, Grécourt, La Fontaine, La Monnoye, Plancher de Valcour, Regnier, Vergier, etc. Avec les imitations de M. le comte de Chevigné et d'Epiphane Sidredoulx. Publiés par un membre de la Société des bibliophiles gaulois. *Paris, L. Willem*, 1874 ; in-8, fig., cart. toile, *non rognés*.   10 fr.

Ce livre, publié comme suite au Moyen de Parvenir, n'a été tiré qu'à 500 exemplaires, tous sur PAPIER VERGÉ.

1038. **Contes** et nouvelles en vers, par Voltaire, Vergier, Senecé, Perrault, Moncrif, et le P. Ducerceau. *Paris, Leclère fils*, 1862 ; 2 vol. pet. in-8, demi-rel. dos et coins de mar. Lavallière, dos orné, tête dor., *non rognés*.   30 fr.

Jolies figures de *Duplessi-Bertaux*.
GRAND PAPIER VERGÉ tiré à 100 exemplaires.

1039. **Contes** et nouvelles en vers, par Voltaire, Vergier, Sénecé, Perrault, Moncrif, et le P. Ducerceau. *Paris, Leclère fils*, 1862 ; 2 vol. pet. in-8, br.   20 fr.

Jolies figures de *Duplessi-Bertaux*. Tirage à 100 exemplaires sur papier vergé.

1040. **Coquille** (Guy). Institution au droict des françois. Par M. Guy Coquille, sieur de Romenay. Dernière édition reveue et corrigée. *Paris, Toussainct Quinet*, 1630 ; pet. in-8, vélin.   5 fr.

1041. **Corneille** (Pierre et Thomas). Œuvres de P. Corneille. *Paris, Despilly*, 1758, 10 vol. — Œuvres de T. Corneille. *Paris, Despilly*, 1758, 9 vol. — Ens. 19 vol. in-12, veau fauve, dos orné.   30 fr.

Jolie édition.

1042. **Correspondance secrète** de Charette, Stofflet, Puisaye, Cormatin, d'Autichamp, Bernier, Frotté, Scépeaux, Botherel ; du Prétendant, du ci-devant comte d'Artois, de leurs ministres et agens. *Paris, Buisson*, 1799 ; 2 vol. in-8, portr., br.   8 fr.

1043. **Corsaire** (Le). *Paris*, 1822 ; in-8, cart. toile, *non rogné*. 10 fr.

Recueil des 21 premiers numéros, du 6 février au 18 août 1822. Rare.

1044. **Costume** du Moyen-Age d'après les manuscrits, les peintures et les monuments contemporains (par Van Beveren et du Pressoir). *Bruxelles*, 1847 ; 2 vol. in-8, demi-rel. chagr. La Vallière.   50 fr.

148 planches de costumes et de coiffures finement coloriées.

1045. **Costumes.** Recueil d'Estampes représentant les grades, les rangs et les dignités, suivant le costume de toutes les nations existantes. *Paris, Duflos*, 1780 ; in-fol., veau fauve.   500 fr.

Très beau recueil contenant 224 planches (sur 264) gravées à l'eau-forte par *Duflos* très finement coloriées et rehaussées d'or.

1046. **Costumes.** Journal des Dames et des Modes. 25 avril 1824 — 31 mars 1825. 68 n^{os} en un vol. in-8, demi-rel. bas.   75 fr.

Collection de 79 planches en couleurs de costumes de femmes et d'hommes de l'époque de la Restauration, finement gravées en taille-douce.

1047. **Cousin** (Victor). Madame de Longueville. Quatrième édition. *Paris, Didier*, 1859 ; in-8, portr., demi-rel. chagr. La Vallière, plats toile, tr. rouge.   5 fr.

Taches de rousseur.

Achat de Bibliothèques

1048. Coustelier. Collection des Poètes françois, publiée par Coustelier. *Paris, Coustelier,* 1723-1724; 10 vol. in-12, veau marbré, tr. dor. 50 fr.

> Poésies de Coquillart, de Guill. Crétin ; La Légende de P. Faifeu; Œuvre de J. Marot ; Martial, 2 vol.; La Farce de Pathelin ; Villon ; Racan, 2 vol.
> Légère différence dans la reliure du Racan.

1049. Coustumes du pays et duché de Nivernois avec les annotations et les commentaires de Me Guy Coquille, sieur de Romenay. *Paris,* s. d.; in-4, veau. 5 fr.

> Mouillures et déchirure au titre.

1050. Coyer (L'abbé). Bagatelles morales et dissertations par M. l'abbé Coyer, avec le testament littéraire de l'abbé Desfontaines. Nouvelle édition, augmentée. *Londres,* 1759; in-12, veau, marbré. 5 fr.

1051. Crétin (Guillaume). Les Poésies. *Paris, Coustelier,* 1723; in-12, mar. bleu, fil. à froid, tr. dor. 7 fr.

1052. Crétineau-Joly. Histoire de la Vendée militaire. Deuxième édition augmentée. *Paris, Ch. Gosselin,* 1843 ; 4 vol. in-12, demi-rel. bas. verte. 12 fr.

1053. Crétineau-Joly. Histoire de Louis-Philippe d'Orléans et de l'Orléanisme. *Paris, Lagny,* 1862 ; demi-rel. chagr. Lavall., plats toile, tr. rouge. 8 fr.

1054. Crétineau - Joly. Histoire religieuse, politique et littéraire de la Compagnie de Jésus. Troisième édition, revue et augmentée. *Paris, Jacques Lecoffre,* 1859; 6 vol. in-8, portr., bas., tr. rouge. 20 fr.

1055. Damerval. LE LIVRE DE LA DÉABLERIE (par Eloy Damerval). — *Icy finit la deablerie. S. l. n. d. (imprimé à Paris par Michel Le Noir, rue saint Jacques, à la rose blanche, l'an mil cinq cens et huyt*); pet. in-fol. de 123 ff. à 2 col. et 1 f. blanc, caract. goth., fig. sur bois, mar. brun mosaïqué de mar. noir, doublé de mar. rouge, fil., dos orné, tr. dor. (*Hardy-Mennil*). 650 fr.

> Ouvrage en vers écrit en forme de dialogue entre Lucifer et Satan. Satan passe en revue tous les états de la vie et expose à Lucifer tous les vices et tous les abus qu'il a remarqués.
> Plusieurs longs chapitres sont consa-

crés aux femmes ; on y trouve des détails curieux sur les modes du temps.

> Dans la dernière page il est dit que deux docteurs en théologie, Me Guillaume Du Chesne (*de Quercu*) et Me P. Charpentier. ont approuvé l'ouvrage.
> Bel exemplaire de ce livre rare, provenant de la bibliothèque du prince d'ESSLING, dont il porte les armes à l'intérieur.

1056. Dandolo. Rome et les papes. Etudes historiques, philosophiques, littéraires et artistiques. Traduit par le Vte de Richemont. *Paris, Guichardot,* 1868 - 1870 ; 5 vol. in-8, br. 15 fr.

1057. Dangeau. Journal du marquis de Dangeau, publié en entier pour la première fois par MM. Soulié, Dussieux, de Chennevières, Mantz, de Montaiglon, avec les additions inédites du duc de Saint-Simon publiées par M. Feuillet de Conches. *Paris, Firmin Didot,* 1854-1860 ; 19 vol. in-8, br. 65 fr.

> Ce journal de l'historiographe du règne de Louis XIV s'étend de 1684 à 1720; il est le tableau le plus fidèle et le plus complet de l'histoire de la Cour et de la famille royale à cette époque.

1058. David (Fr.-Anne). Histoire d'Angleterre représentée par figures, accompagnées de discours par le citoyen Guyot. *Paris,* 1784 ; 2 vol. in-4, cart. 20 fr.

> Ouvrage contenant 48 estampes gravées par *David*.

1059. Decloux et **Doury**. Histoire archéologique descriptive et graphique de la Sainte Chapelle du Palais. *Paris, Morel,* 1875; in-fol.. demi-rel. mar. rouge, tête dor., *non rogné.* 30 fr.

> Belle monographie ornée de 25 planches, dont 20 en chromolithographie.

1060. Dejean. Traité des Odeurs, suite du traité de la distillation. *Paris, Nyon,* 1764 ; in-12, veau marbr. 5 fr.

1061. Delange. Recueil de toutes les pièces connues jusqu'à ce jour de la faïence française dite de Henri II et Diane de Poitiers, dessinées par Carle Delange, et publiées par Henri et Carle Delange. *Paris,* 1861 ; in-fol., demi-rel. dos et coins de mar. rouge, dos fleurdelisé, fil., tête dor., *non rogné* (*David*). 450 fr

> Bel exemplaire de souscription de cet ouvrage très recherché et tiré seulement à 150, orné de 52 planches en couleurs. La

Et de Livres anciens et modernes

pl. intitulée : « Biberon, Collection du prince Galitzin à Moscou », qui manque dans presque tous les exemplaires, se trouve dans celui-ci.

1062. Delaporte. Les Malheurs et le retour des Bourbons, ou la chute du tyran ; récit gallique en vers et en quatre chants. *Páris, Patris,* 1814; in-8, demi-rel. chagr. vert. 4 fr.

1063. Delille. Œuvres de Jacques Delille. *Paris, Giguet et Michaud,* 1802-1812; 19 vol. in-8, fig., veau racine, dos orné, dent. (*Rel. anc.*) 50 fr.

> Bel exemplaire orné de 38 figures comprenant: Poésies fugitives, 1802, 1 portrait par *Saint-Aubin* et 1 fig. par *Boizot.* — La Pitié, 1803, 4 fig. par *Monsiau.* — Les Géorgiques, 1804, 1 portr. par *Pujos* et 4 fig. par *Moreau.* — L'Enéide, 1804, 4 fig. par *Moreau.* — L'Homme des Champs, 1805, 4 fig. par *Catel.* — L'Imagination, 1806, 3 fig. par *Mirys* ; 1 par *Lebarbier* et 1 par *Monsiau.* — Les Jardins, 1808, 1 fig. par *Monsiau.* — Les Trois Règnes de la Nature, 1808, 5 fig. par *Mirys* et 1 par *Moreau.* — La Conversation, 1812, 1 fig. par *Girodet* ; 1 par *Taunay* et 1 par *Leroy.* — Essai sur l'homme, 1820, 2 fig. de *Pope* et *Mirys.* — Œuvres posthumes, 1821, 2 fig.

1064. Delvau (Alfred). Dictionnaire de la Langue verte. Argots parisiens comparés. Deuxième édition entièrement refondue et considérablement augmentée. *Paris, E. Dentu,* 1867 ; in-12, chagr. bleu, tr. jaspée. 20 fr.

> Rare.

1065. Demay (G.). Le Costume de guerre et d'apparat d'après les sceaux du Moyen-Age. *Paris, Dumoulin,* 1875 ; in-8, br. 6 fr.

> Figures à l'eau-forte sur Chine appliqué.

1066. Désaugiers. Chansons et poésies diverses, par M. A. Desaugiers. Sixième édition, considérablement augmentée. *Paris, Ladvocat,* 1827 ; 4 vol. in-12, portr., demi-rel. veau violet, dos orné, tr. marbr. 25 fr.

> Bel exemplaire.

1067. Descamps. La Vie des Peintres flamands, allemands et hollandois avec des portraits gravés en taille-douce. *Paris, Desaint et Saillant,* 1753-1764; 4 vol. in-8, br. 40 fr.

> 168 portraits gravés par *Ficquet, Gaillard, Legrand, Sornique,* etc.

1068. Descamps. Vie des Peintres flamands et hollandais, par Descamps, réunie à celle des peintres

italiens et français, par d'Argenville. *Marseille,* 1840-1843 ; 5 vol. in-8, portr., demi-rel. mar. vert. *non rognés..* 25 fr.

> Ouvrage estimé.

1069. Description de la toilette présentée à Sa Majesté l'impératrice-reine et du berceau offert à Sa Majesté le roi de Rome. *Paris,* 1811 ; in-fol. *en feuilles.* 20 fr.

> 5 planches dessinées et gravées au trait par *Corelier* et *Pierron,* avec une feuille explicative.

1070. Des Periers (Bonaventure). Cymbalum mundi, ou dialogues satyriques sur différents sujets. Avec une lettre critique dans laquelle on fait l'histoire, l'analyse ou l'apologie de cet ouvrage, par Fr. Marchand. *Amsterdam,* 1753 ; in-12, veau. 6 fr.

> Frontispice allégorique par *B. Picart.*

1071. Dictionnaire des Jeux. *Paris, Panckoucke,* 1792 ; in-4, demi-rel. veau. 5 fr.

> De l'Encyclopédie méthodique.

1072. Dictionnaire historique des Mœurs, usages et coutumes des François (par Fr. Aubert de La Chesnaye-des-Bois). *Paris, Vincent,* 1767 ; 3 vol. in-8, veau, dos orné (*Rel. anc.*). 15 fr.

1073. Dictionnaire militaire ou recueil alphabétique de tous les termes propres à l'art de la guerre. Seconde édition, revue, corrigée et augmentée. Par M. A. D. L. C. (Aubert de la Chesnaye des Bois). *Paris, David,* 1745 ; 3 vol. in-12, bas. 15 fr.

> Le troisième volume forme le supplément.

1074. Dinaux (Arthur). La Société des Rosati d'Arras. 1778-1788. *A la Vallée des Roses, de l'impr. anacréontique (Valenciennes, impr. Prignet),* 1850; in-12 carré, front., demi-rel. dos et coins de mar. rouge, tête dor. 20 fr.

> Ouvrage tiré à 25 exemplaires sur PAPIER ROSE. Envoi signé de l'auteur.

1075. Dissertation sur l'hermine de vin et sur la livre de pain de S. Benoist et des autres religieux. Où l'on voit que cette hermine n'estoit que le demi-setier, et que cette livre n'estoit que de douze onces, etc. (Par Claude Lancelot). *Paris, Ch. Savreux,* 1667 ; in-12, veau. 5 fr.

1076. Dolet. Etienne Dolet, le martyr de la Renaissance, sa vie et sa mort, ouvrage traduit de l'Anglais sous la direction de l'auteur Richard Copley Christré par Casimir Stryienski. *Paris, Fisbacher,* 1886 ; in-8, br. 5 fr.

Etat de neuf, publié à 15 francs.

1077. Dorat. La Déclamation théâtrale, poème (par Dorat). *Paris, Delalain,* 1771 ; in-8, veau marbr. 20 fr.

Exemplaire en GRAND PAPIER. Frontispice et 4 figures d'Eisen, gravés par *de Ghendt*.

1078. Dorleans. Les Observations de diverses choses remarquées sur l'Estat, couronne et peuple de France, tant ancien que moderne, recueillies de plusieurs autheurs, par Regnault Dorleans, sieur de Since. *Vennes* (sic pour *Vannes*), 1597 ; pet. in-4, veau. 25 fr.

Le titre a une déchirure.

1079. Douze (Les) Dames de Rhétorique, publiées pour la première fois d'après les manuscrits de la Bibliothèque royale, avec une introduction, par Louis Batissier. *Paris, Desrosiers,* 1838 ; gr. in-4, demirel. chagr. brun, *non rogné.* 25 fr.

Ouvrage du XVe siècle, dû à la collaboration de quatre poètes, dont les deux principaux furent Georges Chastellain et Jean Robertet.
Jolies figures de *Schaal* avec texte encadré.

1080. Du Barry (Comtesse). Mémoires de Madame la Comtesse du Barri (composés par le baron de Lamothe-Langon). *Paris, Mame et Delaunay-Vallée,* 1829 ; 4 vol. in-8, cart. 15 fr.

1081. Du Bellay (Joachim). Œuvres de Joachim Du Bellay, Angevin, fidèlement revues et corrigées, c'est à sçavoir, la défense et illustration de la Langue françoise, l'Olive augmentée, l'Antérotique, la Musagneomachie, et plusieurs autres œuvres poétiques. *Paris, Ch. Langelier,* 1561 ; in-4, mar. olive, fil., milieux ornés, tr. dor. (*Capé*). 160 fr.

Édition rare. Très bel exemplaire.

1082. Du Bellay (Joachim). Les

Œuvres françaises. *Rouen, G. l'Oyselet,* 1592 ; in-12, vélin. 50 fr.

Mouillures.

1083. Du Cerceau (Androuet). Livre d'Architecture de Jacques Androuet du Cerceau. Auquel sont contenus diverses ordonnances de plants et élévation de bastiments pour seigneurs, gentilshommes, et autres qui voudront bastir, aux champs : mesmes en aucun d'iceux sont dessignez les bassez courts, avec leur commoditez particulières, aussi les jardins et vergiers. *A Paris, pour Jacques Androuet du Cerceau,* 1582 ; in-fol., pl., veau, dos orné, fil., milieux et coins azurés, tr. dor. (*Rel. anc.*). 250 fr.

26 ff. de texte et 52 planches, formant le troisième livre de l'architecture de *Ducerceau*.
Belle reliure du XVIe siècle.

1084. Duhamel du Monceau. Traité des arbres et arbustes qu'on cultive en pleine terre d'Europe et particulièrement en France. *Paris,* s. d. ; 7 vol. pet. in-fol., demirel. chagr. 250 fr.

500 planches coloriées gravées en tailledouce d'après les dessins de *Redouté* et *Pessa*

1085. Dulaurens. Le Compère Mathieu ou les Bigarrures de l'esprit humain. Nouvelle édition. *Londres,* 1777 ; 3 vol. in-12, mar. rouge jans., tr. dor. (*Belz-Niedrée*). 50 fr.

Bel exemplaire. Ce roman, qui contient une philosophie très hardie pour notre époque, fut condamné sous le second Empire comme outrageant la morale publique et religieuse.

1086. Dulaurens. Le Compère Mathieu ou les bigarrures de l'esprit humain. Nouvelle édition, ornée de belles figures. *A Malthe, aux dépens du grand maitre,* 1786 ; 4 vol. pet. in-12, veau, tr. dor. 12 fr.

Édition publié par Cazin, ornée de 12 jolies figures finement gravées, non signées.

1087. Dulaurens. Imirce ou la Fille de la Nature. *Londres,* 1766 ; in-8, demi-rel. veau gris, dos orné, éb. 12 fr.

Rare.

1088. Dunker. Esquisses pour les artistes et amateurs des arts sur Paris. 96 figures gravées à l'eauforte dont l'explication se trouve dans le Tableau de Paris, par Mercier. (*Yverdon*, 1785) ; in-4, cart. (*Lemardeley*). **200 fr.**

Très bel exemplaire de la suite, très rare, de *Dunker*, en épreuves de PREMIER TIRAGE.

Recueil des plus intéressants pour l'histoire des mœurs et coutumes de Paris à la fin du XVIII⁰ siècle.

1089. Du Pleix (Scipion). Les Causes de la veille et du sommeil, des songes, et de la vie et de la mort. *Paris, Vᵛᵉ Dominique Salis*, 1609 ; iu-12, vélin. **6 fr.**

1090. Duplessi-Bertaux. Recueil de cent sujets de divers genres dessinés et gravés à l'eau-forte par J. Duplessis-Bertaux, représentant toutes sortes d'ouvriers occupés de leurs travaux, scènes de comédies, scènes populaires, mendians, militaires, cavaliers, chevaux à l'abreuvoir, foires, danses de village, etc. *Paris, chez les éditeurs*, 1814 ; in-4 oblong, demi-rel. mar. rouge, *non rogné*. **120 fr.**

Joli recueil de gravures devenu rare. Bel exemplaire avec les figures AVANT LA LETTRE.

On a ajouté un portrait-caricature de Napoléon Iᵉʳ gravé par *D. Bertaux*. Très rare.

1091. Dupuy. Traittez concernant l'histoire de France : sçavoir la condamnation des Templiers, avec quelques actes, l'histoire du schisme et quelques procès criminels. *Paris, Vᵛᵉ Du Puis*, 1654 ; in-4, portr., demi-rel. bas. **8 fr.**

1092. Dupuy (Raoul). Historique du 3ᵉ régiment de Hussards, de 1764 à 1887, d'après les Archives du Corps, celles du Dépôt de la Guerre et autres documents originaux. *Paris, Piaget*, 1887 ; gr. in-8, br. **5 fr.**

Figures en noir et en couleur.

1093. Duret (Claude). Traicté de la Vérité des causes et effects, des divers cours, mouvements, flux et reflux et saleure de la mer Oceane, mer Méditerranée et autres mers de la terre. *Paris, Jacques Rezé*, 1600 ; pet. in-8, vélin. **12 fr.**

Ouvrage peu commun.

1094. Du Rozoir (Ch.). Relation historique, pittoresque et statistique du voyage de S. M. Charles X dans le département du Nord. *Paris, Imp. A. Belin*, 1827 ; in-fol., br. **8 fr.**

8 planches et une lettre de l'auteur.

1095. Du Verdier (Antoine). La Prosopographie ou Description des personnes insignes enrichie de plusieurs effigies, et réduite en quatre livres. *Lyon, Antoine Gryphius*, 1573 ; in-4 réglé, fig. sur bois, mar. rouge jans., tr. dor. (*Chambolle-Duru*). **250 fr.**

On trouve dans cet ouvrage de curieux portraits de personnages de toutes les époques, entr'autres : Bald, Nicolas de Lyra, Albert le Grand, Bartole, Jean Huss, E. Dolet, Cardan, Balduin, Oronce Finée, Alciat, Séb. Gryphe, etc.

Bel exemplaire avec témoins.

1096. Eckard. Mémoires historiques sur Louis XVII, roi de France et de Navarré, avec notes et pièces justificatives. *Paris, Nicolle*, 1817 ; portr., cart. **5 fr.**

1097. Eloge des perruques, enrichie de notes plus amples que le texte par le docteur Akerlio (Nic.-Marie de Guerle). *Paris, Maradan, impr. de Crapelet*, 7 (1807) ; in-12, cart., *non rogné*. **4 fr.**

1098. Emiliane (Gabriel). Histoire des tromperies des prestres et des moines, décrite dans un voyage d'Italie où l'on découvre les artifices dont ils se servent pour tenir les peuples dans l'erreur. Cinquième édition. *Rotterdam, Abraham Acher*, 1712 ; 2 tomes en un vol. pet. in-8, front., vélin. **25 fr.**

Livre curieux et rare.

1099. Eobanus (Helius). Bonæ valetudinis conservandæ præcepta. Auctore Eobano Hesso. Medicinæ laus ad Martinum Hunum. Coena Baptistæ Fieræ de herbarum virtutibus, et ea medicæ artis parte, quæ in victus ratione, consistuit. (In fine :) *Argentorati, per Henricum Sybold*, 1530 ; pet. in-8, demi-rel. veau vert. **20 fr.**

Opuscules rares.

1100. Erasme. L'Éloge de la Folie, composée en forme de déclamātion, par Erasme et traduit par M. Gueudeville. *Amsterdam, Fr. l'Honoré*, 1728 ; in-12, veau brun. **12 fr.**

Figures d'*Holbein*.

1101. Estienne (Henri). Apologie pour Hérodote, ou traité de la conformité des merveilles anciennes avec les modernes. Avec des remarques par M. Le Duchat. *La Haye, H. Scheurleer*, 1735; 2 tomes en 3 vol. in-12, mar. rouge jans., tr. dor. *(Brany)*. 60 fr.

Frontispices gravés.

1102. Estienne et **Liebaut.** L'Agriculture et maison rustique de MM. Charles Estienne et Jean Liebaut, revue et augmentée. Plus un bref recueil des chasses du cerf, du sanglier, du lièvre, du renard, du blereau, du connil, du loup, des oyseaux ; et de la fauconnerie. *Rouen, J. Berthelin*, 1641 ; in-4, fig., vélin. 20 fr.

Encyclopédie traitant de toutes les connaissances nécessaires aux habitants des campagnes.

1103. Évangiles (Les Saints). Traduction tirée des Œuvres de Bossuet, par M. H. Wallon. *Paris, Hachette et Cie*, 1873; 2 vol. in-fol., mar. rouge, dos orné, comp. de fil., milieux, tr. dor. 400 fr.

Magnifique publication; l'un des plus beaux livres publiés au XIX⁰ siècle, illustré d'un très grand nombre de compositions de *Bida* gravées par *Hédouin, Bracquemond, Nanteuil, Flameng, Veyrassat* et autres, et d'une multitude de lettres ornées, d'en-têtes et de culs-de-lampe dessinés par *Rossigneux*.

1104. Evérard (Etienne). Métode pour liquider les mariages avenans des filles dans la coutume générale de Normandie et dans la coutume particulière de Caux. *Rouen*, 1734; in-12, veau. 5 fr.

Ouvrage très curieux.

1105. Examen critique des anciens historiens d'Alexandre le Grand (par G. de Sainte-Croix). *Paris an XIII (1805)* ; in-4, veau vert *(Rel. anc.)*. 12 fr.

7 planches gravées en taille-douce.

1106. Fabre (Ferdinand). L'Abbé Tigrane, candidat à la papauté. *Paris, Conquet*, 1890 , pet. in-8, br. 60 fr.

Très belle édition sur PAPIER VÉLIN DU MARAIS, ornée d'un portrait d'après *J.-P. Laurens*, et de 20 eaux-fortes originales de *E. Rudaux*. Une charmante aquarelle de *H. de Sta* a été peinte sur le faux-titre.

1107. Fabris (Salvatore). Scienza et pratica d'Arme di Salvatore Fabris, capo dell' ordine dei sette cuori. *Leipzig, Erasmus Hynitzsch*, 1677 ; pet. in-fol., vélin. 200 fr.

Livre d'escrime extrêmement rare, avec texte italien et allemand. Curieuses et belles figures en taille-douce où tous les escrimeurs sont représentés entièrement nus. La figure de la p. 62 est intacte.

1108. Farce (La) de maistre Pierre Pathelin , avec son testament à quatre personnages. *Paris, Durand*, 1762 ; in-12, veau marbr. 4 fr.

On a relié à la suite : Pensées détachées de Mᵐᵉ Guibert. *Paris*, 1771.

1109. Fauchet (Claude). Origine des dignitez et magistrats de France. Recueillies par Claude Fauchet. *Paris, Jeremie Perier*, 1600; pet. in-8, vélin. 20 fr.

1110. Félibien (Michel). Histoire de la ville de Paris, composée par D. Michel Félibien, reveue, augmentée et mise au jour par D. Guy-Alexis Lobineau, tous deux prêtres religieux bénédictins, de la congrégation de Saint-Maur. *Paris, Desprez et Desessartz*, 1725 ; 5 vol. in-fol., veau marbr., dos orné *(Rel. anc.)* 75 fr.

Orné de nombreuses figures gravées en taille-douce d'après *Chevetet*.

1111. Felicia, ou mes fredaines (par Andrea de Nerciat). *S. l.*, 1778 ; 4 parties en un vol. in-12, bas. 20 fr.

Un des ouvrages galants des plus réputés du XVIII⁰ siècle.

1112. Ferrand (Antoine). Eloge historique de Madame Elisabeth de France, suivi de plusieurs lettres de cette princesse. *Paris, Desenne*, 1814 ; in-8, basane. 4 fr.

1113. Ferrand (Antoine). Pièces libres de M. Ferrand, et poésies de quelques autres auteurs sur divers sujets. *Londres, Goluin Harald*, 1744; in-12, bas. 15 fr.

Ce recueil contient, outre les poésies très libres de Ferrand, le Luxurieux de Legrand, le Mondain de Voltaire, etc. (Voy. Bibl. de l'Amour, VI. 59).

1114. Feuillet (Octave). Julia de Trécœur. *Paris, Calmann Lévy*, 1885; in-8, demi-rel. dos et coins de mar. rouge, tête dor., *non rogné*. *(Brelault)*. 150 fr.

Exemplaire sur PAPIER DU JAPON, avec 14 charmantes aquarelles dans les marges, en-têtes et en fins de chapitre, par *Somm*.

1115. Figures historiques du vieux et du nouveau Testament, accompagnées de quadrains en latin et en françois (par Chappuzeau), qui exposent l'histoire représenté en chaque figure. *Genève, Sam. de Tournes*, 1681 ; in-8, veau. 30 fr.

> Cet ouvrage est orné des mêmes bois de Bernard Salomon, qui ont illustré les « Quadrains historiques de la Bible » et qui furent conservés par la descendance de J. de Tournes, de Lyon. La préface donne de curieux détails sur le délicat artiste plus connu sous le nom de Petit Bernard.

1116. Filhol. Galerie du Musée de France, publiée par Filhol, graveur, et rédigée par Lavallée (Joseph), [et continuépar A.Jal.] *Paris, Filhol*, 1814-1828 ; 11 vol. in-8, demi-rel. dos et coins de mar. rouge, tête dor., *non rognés (David)*. 300 fr.

> Bel exemplaire comprenant 792 planches gravées au burin.

1117. Fleurimont. Médailles du règne de Louis XV. *Paris, s. d.* (1735) ; in-4, veau. 20 fr.

> Frontispice, titre, dédicace et 54 planches gravées en taille-douce.

1118. Foisset. Vie du R. P. Lacordaire. *Paris, Lecoffre*, 1870 ; 2 vol. in-8, portr., br. 6 fr.

1119. Forster (Ernest). Monuments d'architecture, de sculpture et de peinture de l'Allemagne, depuis l'établissement du Christianisme jusqu'aux temps modernes. *Paris, Morel*, 1859-1867 ; 8 vol. in-4, demi-rel. dos et coins de chagr. Lavallière, dos orné, tête dor., *non rognés*. 250 fr.

> Ouvrage rare et recherché comprenant : Architecture, 4 vol. — Sculpture, 2 vol. — Peinture, 2 vol. avec 390 planches gravées en taille-douce.

1120. Foudre (La), journal des nouvelles historiques, de la littérature, des spectacles, des arts et des modes, rédigé par une société de gens du Monde et d'hommes de lettres. *Prris*, 1821-1823 ; 10 vol. in-8, cart. 60 fr.

> Collection complète de ce journal, dont Charles Nodier fut l'un des principaux rédacteurs, et qui parut tous les 5 jours du 10 mai 1821 au 30 novembre 1823. Il est illustré de lithographies représentant des costumes de l'époque, des pièces satiriques, des caricatures, etc. — Les titres des tomes VIII à X manquent.

1121. France mourante (La). Consultation historique à trois personnages : le chancelier de l'Hopital ; le capitaine Bayard, dit le chevalier sans reproche ; la France malade. *Paris, Crapelet*, 1829 ; gr. in-8, demi-rel. dos et coins de cuir de Russie, tête dor., *non rogné.* 6 fr.

1122. Franceschetti (Général). Mémoires sur les événemens qui ont précédé la mort de Joachim Ier, roi des Deux-Siciles. *Paris, Baudouin,* 1826 ; in-8, demi-rel. bas. 5 fr.

1123. François d'Assises (Saint). Vita et admiranda historia Seraphici S. P. Francisci, ordinis minorum fundatoris, iconibus et elogiis latino-germanis. *Augsbourg*, 1694 ; pet. in-4, demi-rel. veau. 25 fr.

> Vie de Saint François d'Assises, par Mathieu Hemer, illustré d'un frontispice et de 51 planches sur cuivre gravés par A.-M. Wolfgang.

1124. Froland (Louis). Mémoires concernant le Conté-pairie d'Eu et ses usages prétendus locaux. Avec les arrêts du parlement de Paris qui les ont condamnés. *Paris, Vve Charpentier,* 1722 ; in-4, veau. 5 fr.

> Rare.

1125. Galanteries (les) des Rois de France (par Vannel et Sauval). *A Cologne, chez Pierre Marteau, s. d. (vers 1725)* ; 3 vol. in-12, veau fauve, fil. (Rel. anc.). 20 fr.

> Frontispice et jolies figures en taille-douce.

1126. Galanteries du XVIIIe siècle. Réunion de 3 pièces en 1 vol. in-12, bas. 15 fr.

> Le Tombeau des Amours de Louis le Grand. *Cologne, Pierre Marteau, (Hollande, la Sphère)*, 1695, front. — Les Amours de Mme de Maintenon, épouse de Louis XIV. *A Villefranche, chez David du Four*, 1693. — La Chasse au Loup de Mgr le Dauphin, ou la Rencontre du comte du Rourre dans les plaines d'Anet. *Cologne, Pierre Marteau (Hollande)*, 1695, figure.
> Taches.

1127. Galerie de Dresde. Recueil d'estampes d'après les plus célèbres tableaux de la galerie royale de Dresde. *Dresde,* 1753-1757-1874 ; 3 vol. gr. in-fol., demi-rel. veau. 300 fr.

> Tome I. Portrait d'Auguste III, roi de Pologne, et 50 planches.
> Tome II. Portrait de Marie-Josèphe, reine de Pologne, et 50 planches.
> Tome III. Portrait de Frédéric-Auguste, électeur de Saxe, et 50 planches.

Achat de Bibliothèques

1128. Galerie de Dresde. Recueil d'estampes, d'après les plus célèbres tableaux de la Galerie royale de Dresde, avec une inscription en latin et en français. *Dresde*, 1753-1757 ; 2 parties en 2 vol. gr. in-fol., cart. 200 fr.

Recueil contenant 101 pièces dont le portrait en pied d'Auguste III, roi de Pologne et électeur de Saxe, gravé par *Balechou* d'après *H. Rigaud*. Belles épreuves.

1129. Galerie de Florence. Tableaux, statues, bas-reliefs et camées de la Galerie de Florence et du palais Pitti, dessinés par Wicar, avec les explications par M. Mongez. *Paris, Lacombe*, 1789 ; 4 tomes en 2 vol. in-fol., demi-rel. mar. vert, *non rognés*. 300 fr.

200 planches. Très belles épreuves.

1130. Galerie de l'ancienne Cour ou mémoires anecdotes pour servir à l'histoire des règnes de Louis XIV et de Louis XV. *S. l.* (*Paris*), 1786 ; 3 vol. in-12, bas. 10 fr.

Anecdotes sur les princes, les ministres, les littérateurs, etc.

1131. Galerie du Palais-Royal, gravée d'après les tableaux des différentes écoles qui la composent avec un abrégé de la vie des peintres et une description historique de chaque tableau par M. l'abbé de Fontenai. *Paris, Couché et Bouillard*, 1786 ; 2 vol. in-fol., veau rouge, dos orné, fil. et comp. dor. et à fr., tr. dor. (*Rel. anglaise*). 500 fr.

Titre, dédicace et estampes gravés par *Couché, Bouillard, Delaunay, Delignon, Le Mire* et autres d'après les dessins de *Vicar*.
Exemplaire sur GRAND PAPIER COLOMBIER avec les figures AVANT LA LETTRE et les légendes tirées à part sur papier de soie ; fort rare en cet état. Tomes I et II, renfermant 255 estampes ; 8 des feuilles de papier de soie manquent et ont été remplacées par d'autres sans légendes.

1132. Galilée. Galilæi Galilæi Lyncei, Systema cosmicum : in quo dialogis IV de duobus maximis mundi systematibus Ptolemaico et Copernicano rationibus utrinque propositis indefinité disseritur. Accessit locorum s. scripturæ cum terræ mobilitate conciliatio. *Lugduni, J.-A. Huguetan*, 1641 ; in-4, mar. rouge, fil., tr. dor. (*Rel. anc.*). 20 fr.

Portrait, frontispice, figures démonstratives dans le texte.

1133. Garçon et fille hermaphrodites, vus et dessinés d'après nature par un des plus célèbres artistes et gravés avec tout le soin possible pour l'utilité des studieux. *Paris, s. d.* (1773) ; in-8, mar. bleu, fil. à froid, tr. dor. 170 fr.

Livre entièrement gravé par le calligraphe *Beaublé*, orné de 2 curieuses figures, dont le dessin a été attribué à *Moreau le jeune* et la gravure à *Augustin de Saint-Aubin*.
Bel exemplaire du PREMIER TIRAGE.

1134. Gasconiana, ou recueil des bons mots, des pensées les plus plaisantes, et des rencontres les plus vives des gascons. *Suivant la copie de Paris, à Amsterdam, chez François l'Honoré*, 1708 ; pet. in-12, demi-rel. dos et coins de chagr. rouge, tête dor., *non rogné*. 8 fr.

1135. Gautier (Hippolyte). L'An 1789. Evènements, mœurs, idées, œuvres et caractères. *Paris, Ch. Delagrave, s. d.* (1888) ; gr. in-4, br. 30 fr.

650 reproductions par la photogravure sur cuivre, de vignettes, d'estampes et de tableaux de l'époque. — Publié à 50 fr.

1136. Gautier (Théophile). Celle-ci et Celle-là. Nouvelle édition. *Lucerne* (*Bruxelles*), 1864 ; in-12, demi-rel. chagr. rouge, tête dor., *non rogné*. 15 fr.

Édition publiée par Jules Gay, à 200 exemplaires sur PAPIER DE HOLLANDE. Rare.

1137. Gautier (Théophile). Les Jeunes-France. Romans goguenards. *Sur l'imprimé de Paris*, 1833, *Amsterdam, à l'enseigne du Coq* (*Bruxelles, Poulet-Malassis*), 1866 ; in-12, demi-rel. dos et coins de chag. vert, tête dor., *non rogné*. 25 fr.

Frontispice dessiné et gravé par *Félicien Rops*.

1138. Gayot de Pitaval. Causes célèbres et intéressantes, avec les jugemens qui les ont décidées. Recueillies par M. Gayot de Pitaval, *La Haye, Jean Neaulme*, 1735-1745 ; 22 vol. in-12, demi-rel. mar. brun, éb. (*Rousselle*) 120 fr.

Ouvrage renfermant des faits curieux et des décisions judiciaire des plus intéressants. — Bel exemplaire.

1139. Géographie (La) des Légendes, ou table géographique des noms de provinces, villes et autres lieux qui se rencontrent dans les martyrologes, les légendes des saints, (par l'abbé Jouanneaux). *Paris,* 1740; in-12, veau, dos orné. 6 fr.

Aux armes de MACHECO DE PRÉMEAUX, évêque de Périgueux.

1140. Gessner (Salomon). Œuvres. *Paris,* 1785 ; 3 vol. in-4, demi-rel. veau. 150 fr.

3 frontispices, 3 titres, 4 vignettes, 71 figures et 66 culs-de-lampe dessinés par *Le Barbier.* On a joint à cet exemplaire un portrait de Gessner gravé par *de Saint-Aubin* d'après *Denon* et 1 portrait d'Huber, gravé par Mme *Tardieu.*

1141. Gessner. Œuvres complettes. *Paris, Bossange et Masson, an V* (1797); 3 vol. in-18, veau racine, fil., tr. dor. (*Rel. anc.*). 10 fr.

Très joli exemplaire avec nombreuses vignettes en taille-douce.

1142. Godeau (Antoine). Paraphrase des Pseaumes de David, en vers françois. Seconde édition, reveuë et corrigée. *Paris, Vve Jean Camusat et Pierre le Petit,* 1649 ; in-12, front., mar. rouge, dos orné, fil. à la Duseuil, tr. dor. (*Rel. anc.*) 35 f.

Exemplaire réglé.

1143. Godolin (Pierre). Œuvres, précédées d'une biographie de Godolin, de son éloge, prononcé en 1808 et d'études historiques et littéraires sur les dialectes méridionaux. Avec traduction littéraire en regard, par MM. Cayla et Cléobule Paul. *Toulouse, Delboy,* 1843 ; gr. in-8, br., *non rogné.* 12 fr.

15 planches lithographiées, tirées hors texte.

1144. Gombauld. Les Épigrammes de Gombauld, divisées en trois livres. *Jouxte la coppie imprimée à Paris, chez Augustin Courbé,* 1657 ; in-12, mar. rouge, dos orné, fil., tr. dor. (*Capé*). 25 fr.

Édition parue la même année que l'originale. Bel exemplaire.

1145. Grafigny (Mme de). Lettres d'une Péruvienne. *A Peine, s. d.* (1747) ; pet. in-12, veau. 8 fr.

ÉDITION ORIGINALE de ce roman célèbre. Exemplaire portant sur le titre la signature du duc de Valentinois.

1146. Grégoire. Géographie générale, physique, politique et économique. Nouvelle édition, revue et corrigée. *Paris, Garnier, s. d.;* gr. in-8, demi-rel. chagr. rouge. 12 fr.

100 cartes et nombreuses figures.

1147. Guise (Mlle de). Les Amours du Grand Alcandre, suivis de pièces intéressantes pour servir à l'histoire de Henri IV. *Paris, impr. de Didot l'aîné,* 1786 ; 2 vol. in-12, demi-rel. mar. vert, dos orné. 10 fr.

1148. Haussonville (Le Comte d'). L'Eglise romaine et le premier Empire. 1800-1814. *Paris, Michel Lévy,* 1869 ; 5 vol. in-8, br. 18 fr.

1149. Henry IV. Lettres inédites de Henry IV. Recueillies par le prince Augustin Galitzin. *Paris, Techener,* 1860 ; in-8, br. 5 fr.

1150. Henri IV. Lettres intimes de Henri IV, avec une introduction et des notes, par L. Dussieux. *Paris, L. Cerf, s. d.* (1876) ; in-8, portr., demi-rel. chagr. rouge. 4 fr.

1151. Henri VIII. Lettres de Henri VIII à Anne Boleyn, avec la traduction; précédées d'une notice historique sur Anne Boleyn par (G.-A. Crapelet). *Paris, impr. de Crapelet, s. d.* (1826); in-8, demi-rel. mar. rouge, tête dor., *non rogné.* 10 fr.

2 portraits lithographiés de Henri VIII et d'Anne Boleyn.

Le volume se termine par une histoire d'Anne Boylen écrite en vers français par un contemporain, Antoine Crespin, sieur de Miherve.

On a relié à la suite : « Catalogue de la Bibliothèque de François Ier à Blois en 1518 par Michelant », 1863.

1152. Hermite (L') de la Chaussée d'Antin (par Jouy) ou observations sur les mœurs et les usages français au commencement du XIXe siècle. *Paris, Pillet,* 1815-1816 ; 5 vol. in-12, br., couv. 25 fr.

Ouvrage extrèmement intéressant orné de 5 frontispices et de 2 figures d'après *Desenne.*

1153. Histoire critique et apologétique de l'ordre des chevaliers du temple de Jérusalem dits Templiers, par feu le R. P. M. J. (Mansuet jeune). *Paris, Guillot,* 1789 ; 2 tomes en 1 vol. in-4, veau. 10 fr.

Portrait colorié d'un chevalier de cet ordre, en costume de guerre.

1154. Histoire d'Olivier Cromwell (par l'abbé Raguenet). *Paris, Claude Barbin,* 1691; in-4, mar. citron, dos orné, dent., tr. dor. (*Rel. anc.*). 50 fr.

Bel exemplaire réglé, orné d'un portrait gravé.

1155. — Le même. *Paris*, 1691 ; in-4, veau. 15 fr.

1156. **Histoire** de Louis XI, roy de France et des choses mémorables advenues en Europe durant 22 années de son règne. Divisé en 11 livres (par Mathieu). *Paris, Guillemot*, 1628 ; in-4, veau. 20 fr.

1157. **Histoires** de Philippe de Valois et du roi Jean (par l'abbé de Choisy). *Paris, Claude Barbin*, 1688 ; in-4, veau. 15 fr.

Vignettes en-têtes gravées sur cuivre.

1158. **Histoire** de l'Église Cathédrale de Rouen, métropolitaine et primatiale de Normandie, divisée en cinq livres. *Rouen*, 1686 ; in-4, veau. 20 fr.

Cet ouvrage recherché est du bénédictin François Pommeraye, auteur de divers écrits sur Rouen. Bon exemplaire.

1159. **Histoire** de l'origine de la Royauté et du premier établissement de la Grandeur royale. *Paris, Ch. de Sercy*, 1684 ; in-12, veau. 6 fr.

Vignettes en-têtes gravées sur cuivre.
Le titre et les 12 ff. lim. manquent.

1160. **Histoire des Favorites**, contenant ce qui s'est passé de plus remarquable sous plusieurs règnes par Mademoiselle D*** (Mlle de La Roche-Guilhem). *Constantinople (Amsterdam), s. d.*; 2 tomes en un vol. in-12, demi-rel. dos et coins de mar. rouge, dos orné et mosaïqué, tr. dor. (*Petit-Simier*). 12 fr.

Frontispice et portraits.

1161. **Histoire** (L') des Imaginations extravagantes de M. Oufle, causées par la lecture des livres qui traitent de la magie, du grimoire, des demoniaques, sorciers, etc. (par l'abbé L. Bordelon). *Paris, Gosselin*, 1710 ; 2 vol. in-12, veau. 15 fr.

ÉDITION ORIGINALE. Figures gravées par Crespy. Rare.

1162. **Histoire des Vestales** et de leur culte d'après Plutarque, Tacite, Suetone, etc. Traduit de l'italien par B. Cartour. *Paris, Lé Fuel*, 1825 ; in-16, br. 6 fr.

Figures de *Devéria*.

1163. **Histoire** du donjon et du château de Vincennes depuis leur origine jusqu'à l'époque de la Révolution ; contenant des particularités intéressantes sur les princes, les rois, les ministres et autres personnages célèbres qui ont habité Vincennes, par L. B. (Alphonse de Beauchamp). *Paris, Brunot-Labbé*, 1807 ; 3 vol. in-8, fig., demi-rel. bas. 10 fr.

1164. **Histoire** (L') du temps ou le véritable récit de ce qui s'est passé dans le Parlement, depuis le mois d'août 1647 jusqu'au mois de novembre 1648, avec les harangues et les advis differents qui ont été proposez dans les affaires (par N. Johannès, sieur du Portail). *Paris*, 1649 ; in-4, veau, fil. 20 fr.

On a relié dans le même volume : Journal de ce qui s'est fait et passé en la cour de parlement de Paris, toutes les chambres assemblées et autres lieux sur le sujet des affaires du temps présent ès années 1648 et 1649. — Procès-verbaux des deux conférences, la première tenue à Rueil, la seconde à St-Germain. — Observations curieuses sur l'estat et le gouvernement de France avec les noms, dignités et familles principales.

1165. **HORÆ BEATÆ MARIÆ VIRGINIS**. *S. l. n. d.*; in-8, ais de bois recouverts de veau fauve, comp. à froid, tr. dor. (*Rel. anc.*). 2,800 fr.

Manuscrit exécuté dans le nord de la France au commencement du XVe siècle. Il comprend 275 feuillets de vélin, illustrés de DIX-NEUF grandes miniatures à fonds quadrillés, peintes avec soin, au milieu de bordures formées de rinceaux variés d'or et de couleur. Ces compositions ont pour sujets : 1. *La Salutation angélique*. — 2. *La Visitation*. — 3. *La Nativité*. — 4. *L'Annonciation aux bergers*. — 5. *L'Adoration des mages*. — 6. *La Fuite en Égypte*. — 7. *La Présentation*. — 8. *Le Couronnement de la Vierge*. — 9. *Dieu le Père*. — 10. *La Crucifixion*. — 11. *La Pentecôte*. — 12. *L'Évangéliste Saint Jean*. — 13. *L'Évangéliste Saint Luc*. — 14. *L'Évangéliste Saint Mathieu*. — 15. *L'Évangéliste Saint Marc*. — 16. *Saint Bernard*. — 17. *La Vierge aux donateurs* (un seigneur et sa femme agenouillés devant la Vierge : dans la partie supérieure de la composition un blason d'argent à trois cornets de gueules, à la bordure d'azur). — 18. *La Vierge Marie tissant*. — 19. *L'Office des morts*. Cette remarquable décoration est complétée : 1° par 49 initiales historiées consacrées à la représentation de différents saints et saintes : S. Michel, S. Jacques, S. Georges, S. Étienne, S. Laurent, S. Christophe, S. Sébastien, S. Martin, Ste Catherine, Ste Marguerite, Ste Appoline, Ste Suzanne, etc., également accompagnées par des enroulements de feuillages de diverses nuances; 2° par une multitude de lettrines et de fin de lignes peintes en rouge et bleu rehaussées d'or.

Ce curieux manuscrit est conservé dans une reliure en veau avec ornements à froid : fleurs de lis, aigles à 2 têtes, et animaux divers. Le dos a été refait.

1166. HORÆ BEATÆ MARIÆ VIRGINIS. *S. l. n. d.;* in-8, veau fauve, dos orné, comp. de fers azurés, milieux, tr. dor. (*Rel. anc.*).
3.000 fr.

Beau manuscrit exécuté en France vers le milieu du XV° siècle. Calligraphié avec soin sur 234 feuillets de vélin fin réglés, dont les 12 premiers sont occupés par le calendrier, il est ornementé de 204 délicates bordures formées de rinceaux d'or et de couleur et illustré de QUINZE charmantes miniatures entourées également d'encadrements où les volutes se combinent harmonieusement avec les fleurs et les fruits. Les sujets tirés de la nouvelle Ecriture sainte représentent : 1. *La Mater dolorosa.* — 2. *L'Elévation de la S. Messe.* — 3. *L'Annonciation.* — 4. *La Visitation.* — 5. *La Crucifixion.* — 6. *La Pentecôte.* — 7. *La Nativité.* — 8. *L'Annonciation aux bergers.* — 9. *L'Adoration des Mages.* — 10. *La Présentation.* — 11. *La Fuite en Egypte.* — 12. *Le Couronnement de la Vierge.* — 13. *Le Roi David.* — 14. *L'inhumation des morts.* — 15. *Sainte Marguerite dans sa prison.* Cette dernière miniature orne le début d'un poème en vers où se trouve retracé la vie et le martyr de la Sainte. La décoration du manuscrit est complété par de nombreuses lettres ornées et de fin de lignes rubriquées.

Sur les feuillets de gardes des prières ont été ajoutées et l'on y lit, à la suite, les actes de naissance d'Antoinette-Louise de Rabutin (1634) et de Elode-Charlotte sa sœur (1636) signés de leur mère Philippe de Moroge. La signature de P. des Marins, membre de cette famille, se voit également sur la marge inférieure de l'un des f. du manuscrit.

Le volume est conservé dans une jolie reliure du XVI° siècle ornementée par des fers azurés couvrant entièrement le dos et les plats.

1167. HORÆ BEATÆ MARIÆ VIRGINIS *S. l. n. d.;* in-16, mar. rouge, dos orné, comp. de fil. droits et courbes et de fers azurés, tr. dor. (*Rel. anc. du XVI° s.*)
3.000 fr.

Charmant petit manuscrit français exécuté sur vélin fin dans la seconde moitié du XV° siècle. Il comprend 286 feuillets ornés de DOUZE miniatures aussi gracieuses que délicates, peintes avec le plus grand soin au milieu de bordures d'une grande finesse d'exécution, formées par de riches rinceaux aux nuances éclatantes. Les dix premières miniatures ont trait aux principaux événements du Nouveau Testament, la 11° représente le roi David

auquel Dieu apparaît, et la 12° l'inhumation des morts. De nombreuses lettres ornées complètent cette belle ornementation.

Outre les prières latines qu'il renferme, ce volume contient une oraison en vers français dont voici le début :

> O royne qui fustes mises
> Et assise
> La sus son trosne divin
> En vostre devote eglise
> Sans faintise
> Suis venu ce matin
> Comme vostre pelerin
> Chef enclin
> . . . .

A la fin se trouve l'oraison et la légende de S. Guilbert.

La reliure à riches compartiments, formés d'entrelacs et de fers azurés avec têtes de chérubins sort certainement de l'atelier d'un émule des Eve.

1162. Houssaye (Arsène). Mademoiselle de La Vallière et Madame de Montespan. Etudes historiques sur la Cour de Louis XIV. *Paris, H. Plon,* 1860 ; in-8, portr., demi-rel. chagr. Lavall., plats toile, tr. rouge.
5 fr.

1169. Houssaye (Arsène). Les Parisiennes. *Paris, Dentu,* 1869 ; 4 tomes en 2 vol. in-8, demi-rel. chagr. rouge, tr. jaspée.
12 fr.

4 planches en taille-douce.

1170. Huc. Souvenirs d'un Voyage dans la Tartarie et le Thibet pendant les années 1844, 1845 et 1846. Troisième édition. *Paris, Gaume,* 1857 ; 2 vol. in-8, bas.
8 fr.

1171. Huet, évêque d'Avranches. Traité philosophique de la faiblesse de l'Esprit humain. *Amsterdam, H. Du Sauzet,* 1723 ; in-12, mar. vert. jans., tr. dor. (*Thivet*). 15 fr.

Très beau portrait.

1172. Hugo (Victor). Cromwell, drame. *Paris, Dupont,* 1828; in-8, demi-rel. veau, tr. jaspée.
8 fr.

ÉDITION ORIGINALE. Cachet sur le titre.

1173. Intime-Club. Croquis d'architecture, publication mensuelle par une société d'architectes, de 1869 à 1872 compris, 4 années en 2 cartons.
25 fr.

292 planches. Publié à 80 fr.

1174. Iung (Th.). La Vérité sur le Masque de fer (les empoisonneurs) d'après des documents inédits des archives de la guerre (1664-1703). *Paris, Henri Plon,* 1873 ; in-8, br.
4 fr.

Achat de Bibliothèques

1175. Joinville. Œuvres de Jean sire de Joinville, comprenant: l'histoire de saint Louis, le Credo et la lettre à Louis X, avec un texte rapproché du français moderne mis en regard du texte original, par M. Natalis de Wailly. *Paris, Adrien le Clerc,* 1867 ; gr. in-8, front. en coul., demi-rel. dos et coins de chag. rouge, tête dor., *non rogné.* 20 fr.

1176. Jourdain et **Duval.** Les Stalles de la cathédrale d'Amiens. *Amiens, typ. Duval et Herment,* 1843 ; in-8, demi-rel. chagr. brun, plats toile, tr. rouge. 25 fr.

18 planches en taille-douce. Taches de rousseur.

1177. Jurieu. Histoire critique des dogmes et des cultes, bons et mauvais, qui ont été dans l'église depuis Adam jusqu'à Jésus-Christ, où l'on trouve l'origine de toutes les idolatries de l'ancien paganisme, expliquées par rapport à celles des Juifs. *Amsterdam,* 1704 ; in-4, veau. 15 fr.

Frontispice et planches en taille-douce.

1178. Juvernay (Pierre). La Foudre foudroyant et ravageant contre les pechez mortels. *Paris, imp. de Pierre Le Mur,* 1635 ; in-16, veau, dos orné. 20 fr.

1179. Kastner (Georges). Les Chants de l'armée française ou recueil de morceaux à plusieurs parties composés pour l'usage spécial de chaque arme et précédés d'un essai historique sur les chants militaires des français. *Paris,* 1855. — Les Chants de la vie, cycle choral ou recueil de 28 morceaux à 4, 5, 6 et 8 parties pour ténors et basses. *Paris,* 1854. Ensemble en 1 vol. in-4, perc., tr. dor. 15 fr.

Nombreuses pages de musique.

1180. Kastner (Georges). Les Danses des Morts, dissertations et recherches historiques, littéraires et musicales sur les divers monuments de ce genre qui existent ou qui ont existé tant en France qu'à l'étranger, accompagnées de La Danse Macabre, grande ronde vocale et instrumentale, paroles d'Edouard Thierry, musique de G. Kastner, et d'une suite de planches représentant des sujets tirés d'anciennes danses des morts des XIVe, XVe, XVIe et XVIIe siècles, la plupart publiés en France pour la première fois avec des figures d'instruments de musique qu'ils contiennent, ainsi que d'autres figures d'instruments du Moyen-Age et de la Renaissance. *Paris, Brandus,* 1852 ; in-4, br. 25 fr.

20 planches et 44 pages de musique.

1181. Kératry (A.-H.). Mon habit mordoré, ou Joseph ou son maître. *Paris, Maradan,* 1802 ; 2 vol. in-12, bas. 5 fr.

1182. La Chau et **Le Blond.** Description des principales pierres gravées du cabinet de S. A. S. Mgr. le duc d'Orléans. *Paris,* 1780-1784 ; 2 vol. pet. in-fol., veau marbré, dos orné, fil., tr. dor. (*Rel. anc.*) 80 fr.

Frontispice, en-têtes, culs-de-lampe gravés par *Aug. de Saint-Aubin* et nombreuses planches reproduisant les plus beaux types de pierres gravées de la célèbre collection du duc d'Orléans.

Bel exemplaire aux armes de CAUMARTIN SAINT-ANGE.

1183. Laclos (Chordelos de). Les Liaisons dangereuses. Lettres recueillies dans une société et publiées pour l'instruction de quelques autres par C*** de L***. *Londres (Paris),* 1796 ; 2 vol. in-8, veau fauve, dos orné, dent. (*Rel. anc.*). 80 fr.

2 frontispices et 13 figures par *Monnet* et *Mlle Gérard,* gravés par *Bacquoy, Duplessi-Bertaux, Dupréel, Godefroy, Langlois, Lemire, Lingée, Masquelier, Patas, Pauquet, Simonnet* et *Trière.*

1184. Lacroix (Paul). Mélanges bibliographiques, par P. L. Jacob. *Paris, Jouaust,* 1871 ; in-12, br. 6 fr.

Tirage à petit nombre sur papier vergé.

1185. La Fontaine. Contes et nouvelles en vers, par M. de La Fontaine. *Amsterdam,* 1764 ; 2 vol. pet. in-8, veau granit, dos orné, fil., tr. dor. (*Rel. anc.*). 80 fr.

La meilleure des imitations de l'édition des fermiers généraux. Elle est illustrée du portrait de La Fontaine, de 2 fleurons de titre, 2 en-têtes, 61 culs-de-lampe et 80 figures d'après *Eisen,* dont la plupart portent la signature de *Boilly.*

1186. La Fontaine. Contes et nouvelles en vers. *Paris, Leclère fils,* 1861 ; 2 tomes en un vol. in-12, mar. rouge, dos orné, fil., tr. dor. (*Capé*).   60 fr.

Un des 20 exemplaires sur PAPIER DE CHINE, orné des portraits de La Fontaine et de Duplessi-Bertaux, et de nombreux et charmants en-têtes gravés en taille-douce.

1187. **La Fontaine.** Contes et nouvelles en vers. *Paris, Leclère,* 1861 ; 2 vol. in-8, demi-rel. mar. bleu, dos orné, tête dor., *non rogné.* 40 fr.

Vignettes en-têtes de *Duplessi-Bertaux*.

1188. **La Fontaine** Contes et nouvelles en vers. *Rouen, J. Lemonnyer,* 1879 ; 2 vol. pet. in-8, br. 70 fr.

L'un des 4 exemplaires tirés sur PEAU DE VÉLIN, illustré de charmantes figures par *Duplessi-Bertaux*.

1189. **La Fontaine**. Fables. *Paris, Bossange, an IV* (1796) ; 6 vol. in-12, cart., *non rognés.*   100 fr.

Bonne édition ornée de 276 figures gravées par *Simon et Coiny*.
Exemplaire en GRAND PAPIER VÉLIN.

1190. **La Fontaine**. Fables choisies de La Fontaine, ornées de figures lithographiques, de MM. Carle Vernet, Horace Vernet et Hippolyte Lecomte. *Paris, Engelmann,* 1818 ; gr. in-4 oblong, demi-rel. chagr. vert, dos orné.   60 fr.

85 lithographies.

1191. **Larochejaquelin** (Marquise de). Mémoires. Seconde édition revue et corrigée. *Paris, Michaud,* 1815 ; 2 parties en un vol. in-8, demi-rel. chagr. brun, plats, tr. rouge.   ·   8 fr.

1192. **La Salle**. L'Annean de Salomon. *Paris, Béchet,* 1812 ; 4 vol. in-12, br.   8 fr.

Cet auteur n'est pas le général La Salle tué à Wagram : il s'agit du Mis de La Salle, qui, né en 1734, mourut aliéné en 1818.

1193. **Laujon**. Les A-propos de Société ou chansons de M. L***. (*Paris*), 1776 ; 2 vol. in-8.. — Les A-propos de la folie ou chansons grotesques, grivoises et annonces de parade. (*Paris*), 1776 ; in-8. Ens. 3 vol. in-8, demi-rel. dos et coins de chagr. bleu, dos orné à la grotesque, tr. marbr.   60 fr.

Charmantes vignettes par *Moreau le jeune*.

1194. **Laurent** (de l'Ardèche). Histoire de Napoléon Ier. Illustrée par Horace Vernet. Types et costumes militaires par Hippolyte Bellangé. *Paris, Henri Plon,* 1870 ; gr. in-8, br., couv.   7 fr.

1195. **La Varenne**. Le vray Cuisinier françois, enseignant la manière de bien apprester et assaisonner toutes sortes de viandes, grasses et maigres, légumes et pâtisseries en perfection, etc. Nouvelle édition. *Amsterdam, Pierre Mortier, s. d. ;* in-12, front., veau.   10 fr.

Édition augmentée du maistre d'hôtel et du grand écuyer-tranchant. — A la suite *Traité de Confiture.* Amst., P. Mortier, s. d.

1196. **Leber** (C.). Des Cérémonies du Sacre, ou recherches historiques et critiques sur les mœurs, les coutumes, les institutions et le droit public des français dans l'ancienne monarchie. *Paris, Baudouin,* 1825 ; in-8, demi-rel. bas.   25 fr.

48 planches en taille-douce représentant les costumes et les cérémonies du sacre royal.

1197. **Le Comte** (Noël). Mytholol, logie, c'est-à-dire explication des fables contenant les généalogies des dieux, les cérémonies de leurs sacrifices, leurs gestes, adventures, amours et presque tous les préceptes de la philosophie naturelle et morale, extraite du latin de Noël Le Comte, par J. D. M. *Rouen, Osmont,* 1611 ; in-4, titre gravé, veau.   15 fr.

La traduction de cet ouvrage est due à Jean de Montlyard.

1198. **Lefèvre-Deumier** (Jules). Les Martyrs d'Arezzo. *Paris, Firmin-Didot,* 1885 ; 2 vol. gr. in-8, br. 5 fr.

1199. **Lefèvre-Deumier**. Œuvres d'un Désœuvré. Prose et Poésies. *Paris, Firmin-Didot,* 1886 ; 2 vol. gr. in-8, br.   5 fr.

1200. **Lefèvre-Deumier**. Sir Lionel d'Arquenay. Avec Notice biographique sur l'auteur, par Paul Lacroix. *Paris, Firmin-Didot,* 1884 ; 2 vol. gr. in-8, br.   5 fr.

1201. **Le Gendre** (Gilbert-Charles.) Des Antiquités de la maison de France, et des maisons mérovingienne et carlienne ; et de la diversité des opinions sur les maisons d'Autriche, de Lorraine, de Savoye, Palatine et plusieurs autres maisons souveraines. *Paris, Briasson, 1739* ; in-4, front., veau granit, dos orné (*Rel. anc.*).   8 fr.

1202. **Le Gendre** (Louis). Vie du cardinal d'Amboise, premier ministre de Louis XII. Avec un parallele des cardinaux célèbres qui ont gouverné des estats. *Rouen, Machuel,* 1724 ; in-4, veau. 10 fr.

> Armoiries sur les plats.

1203. **Le Maire de Belges** (Jean). Les troys livres des Illustrations de Gaule : et singularitez de Troye, nouvellement revues et corrigees outre les precedentes impressions. *A Paris, par Galliot du Pré,* 1531 ; pet. in-8, mar. rouge, fil. à froid, tr. dor. (*Duru*). 125 fr.

> Belle édition imprimée en lettres rouges, illustrée de jolies figures sur bois. L'Epitre de l'*Amant verd* se trouve imprimé à la fin de la première partie.
> Bel exemplaire.

1204. **Le Maout** (Emm.). Botanique. Organographie et taxonomie. Histoire naturelle des familles végétales et des principales espèces selon la classification de M. Adrien de Jussieu. *Paris, Curmer,* 1854 ; pet. in-4, br.   15 fr.

> Frontispice, 18 planches sur bois, 23 planches coloriées et nombreuses vignettes dans le texte.

1205. **Le Nail.** Le château de Blois (extérieur et intérieur). *Paris, Ducher,* 1875 ; in-fol. en feuilles dans un carton.   90 fr.

> Ensemble et détails. — Sculpture ornementale. — Décorations peintes. — Cheminées. — Tentures. — Plafonds — Carrelages.
> 60 planches photographiques ou en chromolithographie.
> Ouvrage publié à 180 francs.

1206. **Lescure.** La Princesse de Lamballe, Marie-Thérèse-Louise de Savoie-Carignan. Sa vie, sa mort (1749-1792), d'après des documents inédits par M. de Lescure. *Paris, H. Plon.* 1864 ; in-8, demi-rel. dos et coins de mar. vert, dos orné, tête dor., *non rogné (Hardy-Mennil).*   80 fr.

> Bel exemplaire auquel il a été ajouté :
> 1° 3 dessins originaux par *Baudet,* portraits du prince de Lamballe, de Mme de Polignac et de Mme de Touzel.
> 2° 45 portraits anciens ou modernes de la princesse de Lamballe, de Louis XV, Louis XVI, Louis XVII, des principaux personnages de la Cour ou de la Révolution.
> 3° 10 figures ou vues diverses.

1207. **Le Sueur** (Eustache). Galerie de saint Bruno, fondateur de l'ordre des Chartreux, peinte par M. E. Lesueur, dessinée et gravée par A. Villerey. *Paris, Villerey,* 1808 ; in-8, demi-rel. dos et coins de mar. bleu, dos orné, *non rogné.*   7 fr.

1208. **Lettres** d'une Péruvienne (par Mme de Graffigny). *Amsterdam,* 1751. — Lettres d'Aza ou d'un Péruvien (par Lamarche-Courmont). *Amsterdam,* 1751 ; 2 tomes en un vol. in-12, veau.   5 fr.

1209. **Liénard.** Spécimens de la décoration et de l'ornementation. *Liége, Claesen, s. d.* ; in-fol., demi-rel. mar. violet, plats toile, éb.   40 fr.

> 125 planches.

1210. **Livre de la Chasse** (Le) du grand seneschal de Normandye (Jacques de Brézé) et les ditz du bon chien souillard qui fut au roy Louis de France, XIe de ce nom, publié par le baron Jérôme Pichon. *Paris, Aug. Aubry,* 1858 ; pet. in-8, mar. rouge jans., tr. dor. (*Hardy*).   30 fr.

> Un des 8 exemplaires tirés sur papier de *Chine.*

1211. **Loret.** La Muze historique ou recueil des lettres en vers contenant les nouvelles du temps écrites à son Altesse Mademoiselle de Longueville, depuis duchesse de Nemours (1650-1665). Nouvelle édition revue sur les manuscrits. *Paris, Jannet,* 1857 ; 4 vol. gr. in-8, br.   15 fr.

1212. **Louis XVI.** Agonie et mort héroïque de Louis XVI, roi constitutionnel des Français, condamné au dernier supplice par jugement de la Convention républicaine de France. Par le citoyen Antoine Vérité Windtsor. *A Paris, chez Cromwel* (1793) ; in-8, demi-rel. chagr. vert, tr. rouge.   4 fr.

1213. **Louis XVI** (Procès de). Convention nationale. Défense de Louis, prononcée à la barre de la Convention nationale, le mercredi

Et de Livres anciens et modernes

26 décembre 1792, l'an premier de la République, par le citoyen Deseze, l'un de ses défenseurs officieux. *Paris*, 1793 ; in-4, demi-rel. chagr. vert, plats toile, tr. rouge.   5 fr.

On y a joint : le Testament de Louis XVI, 1 f. in-4.

1214. **Louis XVI**. Procès de Louis XVI, roi de France, suivi des procès de Marie-Antoinette, de Mme Elisabeth et Louis-Philippe, du duc d'Orléans, par un ami du Trône (Turbat). *Paris, Lerouge,* 1814 ; 2 vol. in-8, demi-rel. bas. 8 fr.

6 portraits et 3 figures en taille-douce.

1215. **Louvet de Couvray**. Les Aventures du chevalier de Faublas. *Paris, Mallet,* 1842 ; 2 vol. in-8, demi-rel. chagr. rouge, tr. jasp. 30 fr.

Édition illustrée de 300 gravures sur bois dans le texte d'après les dessins de *Baron, Français* et *Nanteuil.* Bel exemplaire de PREMIER TIRAGE.

1216. **Magnus** (Hans). Historia de gentibus septentrionalibus. *Antverpiæ, ex officina Christ. Plantini,* 1558 ; in-8, demi-rel. veau. 100 fr.

Bel exemplaire, orné de jolies et curieuses petites figures sur bois, de cet abrégé du grand ouvrage de Magnus, dû à Corn. Scribonius Graphæus.

1217. **Magny** (Edouard de). Nobiliaire de Normandie, publié par une Société de généalogistes, avec le concours des principales familles nobles de la province sous la direction de E. de Magny. *Paris, s. d.* (1863-1864) ; 2 vol. gr. in-8, demi-rel. chagr. bleu, *non rognés.* 20 fr.

1218. **Mahmoud** le Gasnevide, histoire orientale ; fragment traduit de l'allemand avec des notes. *Rotterdam, J. Hofhoudt,* 1729 ; in-8, bas. verte.   4 fr.

Histoire allégorique de la Régence, composée par J.-F. Melon.

1219. **Maistre** (Le Comte Joseph de). Les Soirées de Saint-Pétersbourg, ou entretiens sur le gouvernement temporel de la providence. Sixième édition. *Lyon,* 1850 ; 2 vol. in-8, bas., dos orné.   6 fr.

1220. **Maître Pierre** ou jeunesse et folie, histoire plus que véritable, précédée d'une dédicace à l'auteur de l'Enfant du Carnaval. *Paris, Durosiers,* 1803 ; 3 tomes en 1 vol. in-12, demi-rel. veau vert.   5 fr.

3 figures.

1221. **Malthe** (Fr. de). Traité des feux artificiels pour la guerre et pour la récréation, avec plusieurs belles observations , abregez de géométrie, fortifications, horloges solaires et exemples d'arithmétique. *Paris, C. Besongne,* 1630 ; in-12, veau.   10 fr.

Frontispice et figures dans le texte.

1222. **Manteaux** (Les). Recueil (par le comte de Caylus). *La Haye,* 1746 ; 2 part. en un vol. in-12, front. demi-rel. veau bleu, tr. dor. 4 fr.

Recueil d'anecdotes facétieuses et de recherches historiques. Frontispice par *Cochin.*

1223. **Manuel** des Boudoirs , ou essais érotiques sur les demoiselles d'Athènes (par Mercier de Compiègne). *Cythère, l'an du plaisir et de la liberté,* 1240 (*Paris,* 1787) ; 4 vol. in-18, veau marbr.   60 fr.

Rare. 4 figures par *Bornet.*

1224. **Manuscrit** (Le) de feu M. Jérome, contenant son œuvre inédite, une notice biographique sur sa personne, etc. (Par le comte Antoine Français, de Nantes). *Paris et Leipzig. Bossange,* 1825 ; in-8, veau gris, dos orné, dent. à froid, tr. marbr.   10 fr.

Exemplaire au chiffre de Marie-Caroline, duchesse DE BERRY.

1225. **Marie-Antoinette**. Essais historiques sur la vie de Marie-Antoinette d'Autriche , reine de France, pour servir à l'histoire de cette princesse. *Londres,* 1789 ; 2 vol. in-12, br.   25 fr.

Pamphlet attribué à P. A. Goupil, et par certains à Brissot qui l'aurait écrit à l'instigation du duc d'Orléans.

1226. **Marsollier** (l'abbé de). La Vie de Dom Armand-Jean Le Bouthillier de Rancé, abbé régulier et réformateur du monastère de la Trappe, de l'étroite observance de Cisteaux. *Paris, Jean de Nully,* 1703 ; 2 part. en 1 vol. in-4, portr., veau.   8 fr.

1227. **Martin** (Louis-Aimé). Lettres à Sophie, sur la physique, la chimie, et l'histoire naturelle. Troisième édition , corrigée et augmentée. *Paris, Nicolle,* 1811 ; 4 vol. pet. in-12, veau fauve, dos orné, dent., tr. dor.   12 fr.

Achat de Bibliothèques

1228. Martirologe (Le) ou l'histoire des martyrs de la Révolution (par J. G. Peltier). *Coblentz, et Paris, Artaud)* 1792; 2 vol. in-12, bas. 10 fr.

1229. Maupin. Nouvelle méthode de cultiver la Vigne dans tout le royaume; plus économique et plus favorable à la perfection du vin que la méthohe ordinaire. *Paris, Musier,* 1763; in-12, veau marb. 3 fr.

1230. Médecin (Le) et la Chirurgie des pauvres, qui contiennent des remèdes choisis, faciles à préparer et sans dépense pour la plupart des maladies (par Dom Alexandre). *Paris,* 1758 ; in-4, veau. 5 fr.

1231. Mellin de Saint-Gelais. Œuvres poétiques. *Paris, Guillaume de Luyne,* 1656 ; in-12, veau fauve, fil., tr. dor. 20 fr.

Papier jauni par le temps.

1232. Mémoires de M. L. C. D. R. (le comte de Rochefort) contenant ce qui s'est passé de plus particulier sous le ministère de Richelieu et du cardinal Mazarin. *A La Haye, van Bulderen,* 1681 ; in-12, veau marb. 5 fr.

1233. Mémoires pour servir à l'histoire de la guerre de Vendée, par M. le comte de *** (Vauban). *Paris,* 1806 ; in-8, demi-rel. chagr. brun, plats toile, tr. rouge. 5 fr.

Voir sur ces mémoires la note de Quérard, Superch. littér., tome I, col. 771.

1234. Mémoires relatifs à l'affaire du Collier (*Paris,* 1786-1787) ; in-4, bas. 20 fr.

Recueil de 21 pièces imprimées ou manuscrites : Mémoire pour dame Jeanne de S.-Remy. — Discours prononcé par l'archevêque d'Arles. — Mémoire pour servir à l'histoire du comte de Cagliostro. — Requête par le comte de Cagliostro. — Mémoire pour la d** d'Oliva. — Réponse de la comtesse de La Mothe. — Requête du cardinal de Rohan. — Requête de Retaux de Villette. — Etc.

1235. Ménard (René). Entretiens sur la peinture. *Paris, Libr. de l'Art,* 1875 ; in-4, demi-rel. dos et coins de mar. noir, tête dor., *non rogné (Smeers).* 40 fr.

Ouvrage orné de 50 eaux-fortes, avec texte anglais et français.

1236. Menestrier (Cl.-Fr.). La Philosophie des images énigmatiques, où il est traité des énigmes hiéroglyphiques, prophéties, divinations, talismans, de la Baguette, etc. *Lyon, J. Guerrier,* 1694 ; in-12, veau. 5 fr.

Une planche se dépliant. — Mouillures.

1237. Méneval (Baron Claude-François de). Mémoires pour servir à l'histoire de Napoléon Ier depuis 1802 jusqu'à 1815. Publiés par les soins de son petit-fils le baron de Méneval. *Paris, Dentu,* 1894; 3 vol. in-8, portr., br. 18 fr.

1238. Méon. Blasons, poésies anciennes recueillies et mises en ordre par D. M. M*** (Méon). *Paris, Guillemot,* 1807; in-8, basane. 20 fr.

Exemplaire non cartonné, contenant en double les pp. 53 à 64.

1239. Meurcius (Joannis). Græcia feriata, sive de festis græcorum libri VI. *Lugduni Batavorum, ex off. Elzeviriana,* 1619 ; in-4, vélin. 15 fr.

Volume sortant des presses d'Isaac Elzevir de Leyde, l'un des premiers imprimeurs de cette famille célèbre (voy. Willems, les Elzévirs n° 160).

1240. Michaëlis. Histoire admirable de la possession et conversion d'une pénitente séduite par un Magicien, la faisant sorcière et princesse des sorciers au païs de Provence, conduite à la sainte Baume, pour y être exorcizée l'an M. DCX, au mois de Novembre, sous l'authorité du R. P. F. Sébastien Michaelis. Ensemble la Pneumalogie, ou discours des esprits du susdit P. Michaelis. Edition seconde. *Paris, Ch. Chastelain,* 1613 ; in-8, vélin. 60 fr.

Ouvrage de l'un des instigateurs du procès tristement célèbre qui provoqua la condamnation à mort de Louis Gauffridy comme ayant ensorcelé Madeleine de Mandals, religieuse de la Ste-Baume. A la suite : « Discours des esprits en tant qu'il est de besoin pour entendre et resoudre la matière difficile des Sorciers. »

1241. Michel. Recueil de fondations et établissements faits par le roi de Pologne, duc de Lorraine et de Bar, qui comprend la construction d'une nouvelle place au milieu de laquelle est érigée la statue de Louis XV et les bâtiments que Sa Majesté polonoise a fait élever dans la ville de Nancy pour son embellissement. *Luneville, Cl. Messuy,* 1762 ; in-fol., veau.   50 fr.

> 3 planches se dépliant, pour les Grilles de Nancy exécutées par Lamour. Vignettes dans le texte.

1242. **Michelet.** Histoire de la Révolution française. Deuxième édition. *Paris, Lacroix,* 1869 ; 6 vol. in-8, br.   20 fr.

1243. **Michiels** (Alfred). Van Dyck et ses élèves. *Paris, Loones,* 1882 ; gr. in-8, br.   12 fr.

> 8 eaux-fortes du maître et 16 autres gravures dont 12 hors texte.

1244. **Millevoye.** Œuvres complètes. *Paris, Ladvocat,* 1822 ; 4 vol. in-8, demi-rel. veau vert, dos orné.   12 fr.

> Bel exemplaire orné d'un portrait par *Devéria.*

1245. **Millien** (Achille). Premières et nouvelles poésies, 1859-1873. *Paris, Lemerre,* 1875 ; 2 vol. gr. in-8, br.   12 fr.

> Publié à 10 francs.

1246. **Moisant des Brieux.** Recueil de pièces en prose et en vers. *Caen, Jean Cavelier,* 1671 ; in-12, vélin.   40 fr.

> Ce petit volume est composé de 180 pp. non compris 6 ff. pour le titre, l'épitre dédicatoire à la comtesse de Crussol et l'avis au lecteur. Le recueil de poésies occupe les 102 premières pages et le recueil de pièces en prose, dans lequel se trouve un morceau curieux intitulé : *Cy est ly traitie de chevalerie à tous allans et venans translaté du latin en langue vulgaire* termine le volume.

1247. **Molière.** Œuvres complètes, précédées de la vie de Molière, par Voltaire. *Paris, Furne,* 1860 ; 2 vol. in-8, demi-rel. chagr. vert, plats toile, tr. dor.   10 fr.

> Portrait et figures sur acier.

1248. **Mollien.** Mémoires d'un Ministre du trésor public. 1780-1815. *Paris, imp. Fournier,* 1845 ; 4 vol. in-8, demi-rel. veau fauve.   60 fr.

> Très rare. Exemplaire en très bel état.

1249. **Monstrellet.** Le Premier [le tiers] volume des Croniques de France, Dangleterre, Descoce, Despaigne, de Bretaigne, de Gascongne, de Flandres et lieux circonvoisins. *Imprimé pour François Regnault,* 1518 ; 3 vol. pet. in-fol. goth., vélin.   250 fr.

> Bel exemplaire, grand de marges.

1250. **Montesquieu.** Le Temple de Gnide, revu, corrigé et augmenté. *Londres (Paris, Huart,* 1742) ; in-8, cart.   8 fr.

> Frontispice, titre gravé et 8 vignettes en-tête non signés.

1251. **Montifaud** (Marc de). Racine et La Voisin. *Paris,* 1878 ; in-8, br.   4 fr.

> Tirage à 100 ex. num. SUR PAPIER DE HOLLANDE.
> Portrait de La Voisin gravé à l'eau-forte par *Hanriot.*

1252. **Moralité** des Blasphémateurs de Dieu, à 17 personnages. *Paris, Silvestre,* 1831 ; gr. in-8 goth., format agenda, br.   10 fr.

> Réimpression fac-simile tirée à 90 ex. numérotés.

1253. **Mornay** (Philippe de). De la Religion chrestienne contre les Athées, Epicuriens, Payens, Juifs, Mahumédistes et autres infidèles. *Anvers, Christofle Plantin,* 1582 ; in-8, vélin à recouvrements.   50 fr.

> Très bel exemplaire de la seconde édition de ce livre célèbre.

1254. **Moscou,** avant et après l'incendie, ou notice contenant une description de cette capitale, des mœurs de ses habitans, des événemens qui se passèrent pendant l'incendie, et des malheurs qui accablèrent l'armée française, pendant la retraite de 1812, par G. L. D. L. (Lecointe de Laveau), témoin oculaire. *Paris, Gide fils,* 1814 ; in-8, cart.   5 fr.

1255. **Moulin** (Jules). Pages roses. Dessins de MM. B. Lemeunier, F. Oudard, G. Moteley, Léonie Michaud. *Paris, Jouvet,* s. d. ; in-4, br.   5 fr.

1256. **Moulinet.** La Vraye Histoire comique de Francion, composée par Nicolas de Moulinet, sieur du Parc, gentilhomme lorrain. Soigneusement revue et corrigée. *Leyde, Henry Drummond,* 1685 ; 2 vol. in-12, front. et fig., veau. 12 fr.

> Roman attribué à Charles Sorel de Souvigny ; il est des plus intéressants pour l'histoire des mœurs en France dans la première partie du XVIIe siècle.

1257. **Murailles** (Les) révolutionnaires, collection complète des professions de foi, affiches, décrets,

Achat de Bibliothèques

etc. (Paris et les départements). *Paris, Bry*, 1856 ; 2 parties en 1 vol. in-4, demi-rel. veau bleu, tr. jasp. 7 fr.

1258. **Musée** de Versailles, avec un texte historique, par Théodore Burette. *Paris, Furne*, 1844 ; 3 vol. in-4, demi-rel. chagr. vert, dos orné. 45 fr.

Bel exemplaire grand de marges renfermant un grand nombre de planches gravées sur acier.

1259. **Musée impérial** (Le) du Louvre, Collection de 500 planches gravées au burin, par les sommités contemporaines d'après les grands maîtres en peinture et en sculpture des diverses écoles. *Paris, (impr. Firmin Didot)*, 1865 ; gr. in-fol. en 100 livraisons. 250 fr.

Magnifique publication publiée à 600 fr.

1260. **Muses** (Les) du foyer de l'Opéra, sur l'édition du café du Caveau. *Bruxelles, Kistemaeckers*, 1883 ; in-8, demi-rel. chagr. rouge. 8 fr.

Illustrations d'*Amédée Lynen*. Publié à 25 fr.

1261. **Musset** (Alfred de). Œuvres. *Paris, Charpentier*, 1867 ; 10 vol. in-16, cart. toile bleue, *non rog*. 80 fr.

Petite édition rare et recherchée, comprenant : Poésies, 2 vol. — Comédies et proverbes, 3 vol. — Confession d'un enfant du siècle. — Nouvelles et contes, 2 vol. — Littérature et critique. — Œuvres posthumes.
Photographies d'après les illustrations de *Bida*.

1262. **Nadaud** (G.). Recueil de chansons. *Paris, Garnier*, 1849 ; in-12, br., couv. 10 fr.

Très rare.

1263. **Napoléon III**. Œuvres. *Paris, Amyot*, 1854 ; 4 vol. in-8, demi-rel. veau fauve, dos orné, tête dor., *non rognés*. 12 fr.

1264. **Nérair et Melhoé**, conte ou histoire, ouvrage orné de digressions. *Imprimé à ***, se rend à ***, l'an de l'âge de l'auteur 60* ; 2 vol. in-12, veau, fil., tr. rouge. 7 fr.

Cet ouvrage est dû à Henri Barth. de Blanes, officier de cavalerie, né en Auvergne en 1707 et mort en 1754.

1265. **Nobiliaire** des Pays-Bas et du comté de Bourgogne, contenant les villes, terres et seigneuries érigées en titre de principauté, duché, marquisat, comté, vicomté et baronnie, les familles nobles, etc., par M. D**** S. D. H** (Devegiano, seign. de Hovel). *Louvain, J. Jacobs*, 1760 ; 2 vol. in-12, cart., *non rognés*. 12 fr.

1266. **Noblesse**. Traité de la Noblesse, suivant les préjugez rendus par les commissaires députez pour la vérification des titres de noblesse de Provence (par Alexandre Belleguise). *S. l. (Paris)*, 1669 ; in-12, chagr. 10 fr.

1267. **Noblesse**. Histoire généalogique de la maison de Monsures justifiée par chartes des églises, tiltres du trésor des chartes de la chambre des comptes, histoires imprimées, manuscrites, et austres bonnes preuves. Fait en l'année 1707. In-4, veau brun. 25 fr.

Manuscrit de 604 pages, rédigé par le sieur de Graval, membre de la famille de Monsures, qui le termina à Amiens en février 1708 ainsi qu'il en est fait mention sur le 1er feuillet. L'auteur a recherché tous les degrés des différentes branches de sa famille, ainsi que les alliances quelles ont contractées.

1268. **Noé** (Comte de). Mémoires relatifs à l'expédition anglaise, partie du Bengale en 1800 pour aller combattre en Égypte l'armée d'Orient. *Paris, impr. royale*, 1826 ; in-8, demi-rel. veau vert, tr. mar. 25 fr.

19 lithographies coloriées et 2 cartes.
Exemplaire au chiffre de Marie-Caroline, duchesse de BERRY.

1269. **Nostredame** (Michel de). Les Oracles de Michel de Nostredame, astrologue, médecin et conseiller ordinaire des rois Henri II, François II et Charles IX. Edition ne varietur, par Anatole Le Pelletier. *Paris, Le Pelletier*, 1867 ; 2 vol. in-8, br. 7 fr.

1270. **Nouvelle Lune** (La) ou histoire de Pœquilon, par M. le B*** (Le Bret). *Amsterdam et se trouve à Lille, chez Henry*, 1770 ; 2 part. en un vol. in-12, demi-rel. chagr. rouge, tr. dor. 4 fr.

1271. **Nus et Méray**. Les Papillons. Métamorphoses terrestres des peuples de l'air par Amédée Varin. *Paris, Martinon et De Gonet, s. d.* ; 2 vol. gr. in-8, cart., *non rognés*. 35 fr.

Bel exemplaire, orné de 34 planches coloriées, gravées sur bois.
Cartonnage de l'éditeur.

Et de Livres anciens et modernes

1272. Ordonnances de Louis XIV, roy de France et de Navarre, données à Saint-Germain-en-Laye. *Paris,* 1667-1669 ; in-4, veau. 8 fr.

Piqûre de vers dans la marge du fond.

1273. Ordonnances, réglemens et statuts des arts et métiers de la cité royale de Besançon: *Besançon, Louis Rigoine,* 1689 ; in-4, veau. 8 fr.

1274. Ordre (L') de chevalerie des cocus reformez, nouvellement establis à Paris. La cérémonie qu'ils tiennent en prenant l'habit, les statuts de leur ordre et un petit abrégé de l'histoire de ce peuple. *Paris,* 1870 ; in-12, demi-rel. dos et coins de mar. La Vall., tête dor., *non rog.* 6 fr.

Réimpression faite à 120 exemplaires.

1275. Ordre du Saint-Esprit. Les Noms, Surnoms, qualités, armes et blasons des Chevaliers de l'Ordre du Saint-Esprit, créés par Louis quatorzième du nom, Roy de France et de Navarre, à Paris dans l'église des Augustins le 1er jour de l'an 1662. *S. l. n. d. (Paris, vers* 1663); pet. in-fol., veau. 50 fr.

Titre et 78 planches de blasons gravés sur cuivre, donnant les armoiries des récipiendaires.

1276. Ortelius (Abrahamus). Deorum dearumque capita, et antiquis numismatibus collecta. Historica narratione illustata à Francisco Swertio. *Bruxellis, Fr. Foppens,* 1683 ; pet. in-4, vélin. 20 fr.

59 figures sur cuivre placées dans de jolis encadrements.

1277. Pagès (Alph.). Les Grands Poètes français. Notices biographiques, littéraires et bibliographiques. Choix de morceaux par Alphonse Pagès. Portraits authentiques, autographes, frontispices, etc. *Paris, Fischbacher,* 1883; gr. in-8, br. 5 fr.

1278. Palikao. Un Ministère de la Guerre de vingt-quatre jours, du 10 août au 4 septembre 1870, par le général Cousin de Montauban, comte de Palikao. *Paris, Henri Plon,* 1871 ; in-8, carte, br. 3 fr.

1279. Paris pittoresque. Nouvelle édition, revue et corrigée avec soin, augmentée d'un plan de Paris et des fortifications. *Paris,* 1842 ; 2 vol. gr. in-8; br. 5 fr.

Texte seul.

1280. Paris. Vues des plus beaux Edifices publics et particuliers de la ville de Paris, dessinées par Durand, Garbizza et Mopillé, architectes, et gravées par Janinet, J.-B. Chapuis, etc. *Paris, Esnauts et Rapilly, s. d.* (1810) ; pet. in-fol., demi-rel. veau vert, dos orné. 140 fr.

Nouvelle édition beaucoup plus complète que celle parue vers 1787 ; elle comprend un titre et 88 planches gravées à la manière noire par *Janinet* et *Chapuis,* d'après les dessins de *Durand, Garbizza, Toussaint* et *Mopillé.*

1281. Parnasse (Le) royal, ou les immortelles actions du très-chrestien et très-victorieux monarque Louis XIII sont publiées par les plus célèbres esprits de ce temps. *Paris, Sébastien Cramoisy,* 1635 ; in-4 réglé, vélin. 35 fr.

Recueil de poésies à la louange de Louis XIII et de Richelieu par Boisrobert, Malherbe, Maynard, L'Estoille, Colletet, Godeau, Gournay, Porchères d'Arbaud, etc. — La seconde partie intitulée *Palmae regiae* est composée par des poésies latines dues à Laurin, Bertelot, Habert Sirmond, Du May, Doni, etc.

1282. Pasquier (Et.). Les Recherches de la France d'Estienne Pasquier, augmentées par l'autheur en cette dernière édition de plusieurs beaux placards et passages, et de dix chapitres entiers. *Paris, Laurent Sonnius,* 1611 ; in-4, vélin. 25 fr.

Portrait de l'auteur par *Thomas de Leu.*

1283. Pasquier et Denis. Plan topographique et raisonné de Paris. *Paris,* 1758 ; in-12, mar. rouge, dos orné, fil., tr. dor. (*Chambolle-Duru*). 35 fr.

Ce volume, entièrement gravé, renferme 3 plans de Paris et des environs, et 40 plans de quartiers. Il est orné de 12 jolis petits en-tête ou culs-de-lampe représentant des vues de Paris.

1284. Percier et **Fontaine.** Description des cérémonies et des fêtes qui ont eu lieu pour le couronnement de leurs majestés Napoléon et Joséphine son Auguste épouse. *Paris,* 1807 ; in-fol. max., cart., *non rogné.* 40 fr.

12 planches.

1285. Petit Conteur (Le) amusant et chantant, étrennes d'un nouveau genre. *Paris, Janet,* 1803 ; in-18, mar. vert, dent., tr. dor. 70 fr.

Titre-frontispice et 12 charmantes figures.

• Achat de Bibliothèques

1286. **Petit-Senn**. Bluettes et Bou-
tades. *Genève, J.-G. Fick*, 1865 ;
in-12, veau fauve, fil., tête dor.,
non rogné. 5 fr.
  Papier vergé.

1287. **Petitot.** Collection complète
des Mémoires relatifs à l'histoire
de France, depuis le règne de Phi-
lippe-Auguste jusqu'au commencement du dix-septième siècle, avec
des notices sur chaque auteur, et
des observations sur chaque ouvrage, par M. Petitot (et Montmer-
qué). *Paris, Foucault, 1819-1829* ;
139 vol. in-8, demi-rel. bas. 250 fr.
  Le 48ᵉ volume manque.

1288. **Peyssonnel.** Observations historiques et géographiques sur les
peuples barbares qui ont habité les
bords du Danube et du Pont-Euxin.
Paris, Tillard, 1765 ; in-4, veau
marbr. 5 fr.
  Frontispice et cartes en taille-douce.

1289. **Phædri** Augusti liberti Fa-
bulæ. *Lutetiæ, A. Grangé, 1748* ;
in-12, veau fauve. 10 fr.
  Les fables de Phèdre sont suivies de
  celles de Flavius Avianus et des sentences
  de Sénèque.
  Frontispice et 5 vignettes en-têtes de
  Durand, gravés par *Fessard*.

1290. **Pierrugues.** Glossarium ero-
ticum linguæ latinæ, sive theoge-
niæ, legum et morum nuptialium
apud Romanos. Explanatio nova ex
interpretatione propria et impropria
et differentiis in significatu fere
duorum millium sermonum, etc.
Parisiis, Dondey-Dupré, 1826 ;
in-8, demi-rel. dos et coins de mar.
vert, dos orné, tr. marbr. 20 fr.
  Cassure à un plat de la reliure.

1291. **Pinelli** (Bartolomeo). Nuova
raccolta di cinquanta motivi pitto-
reschi e costumi, incisi all'acqua
forte da Bartolomeo Pinelli Romano.
In Roma, Lorenzo Lazzari, 1810 ;
in-8, bas. 25 fr.
  Scènes populaires romaines au début du
  XIXᵉ siècle.

1292. **Poésies** (Les) du roy de Navarre (Thibaut, comte de Champagne), avec des notes et un glos-
saire françois. *Paris, L. Guérin*,
1742 ; 2 vol. in-12, cart., *non
rognés*. 15 fr.

1293. **Poëtes** français (Les). Recueil
des chefs-d'œuvre de la poésie française depuis les origines jusqu'à
nos jours, avec une notice littéraire
sur chaque poëte. Publié sous la
direction de M. Eugène Crépet.
Paris, Gide et Hachette, 1861-
1863 ; 4 vol. in-8, demi-rel. chagr.
rouge, tr. jaspée. 25 fr.

1294. **Poictevin** (Francis). Paysages,
avec un portrait de l'auteur dessiné
en lithographie par Jacques E.
Blanche. *Paris*, 1888 ; in-8, br. 7 fr.
  L'un des 20 exemplaires tirés sur GRAND
  VÉLIN français à la cuve.

1295. **Polignac** (Cardinal de). L'Anti-
Lucrèce, poëme sur la religion naturelle. Traduit par M. de Bou-
gainville. *Paris, Guérin, 1749* ;
2 tomes en un vol. in-8, portr.,
veau marbr., tr. rouge. 10 fr.

1296. **Portraits.** Recueil des Portraits des hommes illustres, dont
il est fait mention dans l'histoire
de France commencée par MM. Vel-
ly et Villaret et continuée par M.
l'abbé Garnier. *Paris, Nyon*, 1781 :
8 vol. in-4, veau marbr. 200 fr.
  777 portraits et plans de batailles gravés
  sur cuivre.

1297. **Prévost** (L'abbé). Histoire de
Manon Lescaut et du chevalier des
Grieux, par l'abbé Prévost. Edition
illustrée par Tony Johannot, précédée d'une notice historique sur
l'auteur par Jules Janin. *Paris,
Ernest Bourdin, s.d.* (1839) ; in-8,
demi-rel. chagr. bleu, tr. jaspée. 12 fr.
  Frontispice en camaïeu, 2 faux-titres
  imprimés en or, 10 planches tirées sur
  Chine avant la lettre et 90 vignettes, culs-
  de-lampe et lettres ornées gravés sur bois.

1298. **Purbachius** (G.). Theoricæ
novæ planetarum, cum praefatione
Philippi Melanchthonis (ad. S. Gry-
naeum). *Vitebergæ, J. Luft, 1551* :
pet. in-8, fig., demi-rel. dos et coins
de chagr. violet. 6 fr.

1299. **Quercy** (Thomas de). De l'an-
tiquité de la ville et cité d'Aleth ou
Quidalet, 1628 ; in-fol., cart. 20 fr.
  Copie manuscrite du XVIIᵉ siècle de l'é-
  dition publiée à Saint-Malo en 1628.
  L'ancienne Aletum était située près de
  Saint-Servan où ses ruines se voient encore
  aujourd'hui. Jusqu'au XIIᵉ siècle elle fut le
  siège d'un évêché, transféré depuis à Saint-
  Malo.

1300. **Rambert** (Ch.). Le Bien et le
Mal, allégorie. *Paris, Blandin*.

Et de Livres anciens et modernes

s. d. ; in-8, demi-rel. chagr. brun, plats toile.   8 fr.

> Photographies hors texte montées sur onglets.

1301. Rapinéide (La) ou l'atelier, poëme burlesco-comico-tragique en 7 chants par un ancien rapin (Lenoble). *Paris, Barraud,* 1870 ; pet. in-8, demi-rel. dos et coins de mar. rouge, tr. dor.   5 fr.

> Eaux-fortes.

1302. Recherche et découverte du cruel et barbare assassinat du dernier comte d'Essex où l'on fait voir par des raisons et des faits invincibles, qu'il ne s'est point tué soymesme. *S. l.,* 1684 ; pet. in-8, mar. rouge, double fil., tr. dor. (*Rel. anc.*).   12 fr.

> Ouvrage rare.

1303. Recueil des Petits Conteurs. *Rouen, Lemonnyer,* 1878-1880 ; 8 tomes en 6 vol. in-12, cart. toile, *non rognés.*   50 fr.

> Contes et nouvelles en vers, par Voltaire, Vergier, Sénecé, Perrault. Moncrif et le P. Ducerceau, 2 vol. — Contes et nouvelles en vers, par Jean de la Fontaine, 2 vol. — Le Fond du sac (par Nogaret), 2 vol. — Voltaire. La Pucelle d'Orléans, 2 vol.
>
> Charmante édition, imprimée sur PAPIER DE HOLLANDE, illustrée de portraits et de jolies figures en tête par *Duplessi-Bertaux, Fesquet, Garnier,* et autres.

1304. Regnard. Œuvres. Nouvelle édition, revue, exactement corrigée, et conforme à la représentation. *Paris, Maradan,* 1790 ; 4 vol. in-8, veau écaille, dos orné, fil.   45 fr.

> Un portrait non signé et 12 figures dont 9 par *Borel,* gravées par *Halbou, Duhamel, Croutelle, Viguet* et *Le Roy.*

1305. Relation du voyage de Sa Majesté Britannique en Hollande et de la réception qui luy a été faite, enrichie de planches très curieuses. *La Haye, Arnout Leers,* 1692 ; infol., mar. La Vallière, dos orné, fil. à la Du Seuil, tr. dor. (*Lortic*) 180 fr.

> Bel exemplaire, contenant un frontispice, un portrait et 14 planches gravées.

1306. Reliure armoriée. Abrégé de Géométrie, contenant les définitions, les problèmes les plus nécessaires et quelques proprietez essentielles ; in-4, mar. rouge, dos orné, fil., tr. dor. (*Rel. anc.*). 150 fr.

> Manuscrit de 151 pp. fort bien calligra-

phié, écrit à l'encre rouge et noire avec figures démonstratives.

> Aux armes de Philippe d'ORLÉANS, régent de France.

1307. Reliure armoriée. Les Ascetiques, ou Traitez spirituels de saint Basile le Grand, traduits en françois par Godefroy Hermant. *A Paris, chez Ant. Dezallier,* 1679 ; in-8, mar. rouge, tr. dor. (*Rel. anc.*).   250 fr.

> Aux armes de la Duchesse de LESDIGUIÈRES.

1308. Reliure armoriée. Geographia ordine litterarum disposita. Autore M. A. Baudrand. *Parisiis, apud Steph. Michallet,* 1682 ; 2 vol. in-fol. à 2 col., mar. rouge, dos orné, comp. à la Duseuil, tr. dor. (*Rel. anc.*).   200 fr.

> Aux armes de COLBERT.

1309. Reliure armoriée. Traité des évictions et de la garantie formelle, dans lequel sont traduites et discutées les loix romaines du Digeste et du Code sur cette matière, par Berthelot. *Paris, Lottin,* 1781 ; 2 vol. in-12, mar. rouge, dos orné, fil., tr. dor. (*Rel. anc.*).   70 fr.

> Exemplaire aux armes de HUE DE MIROMÉNIL.

1310. Reliure armoriée. Abrégé de l'histoire des plantes usuelles, dans lequel on donne leurs noms différens, tant français que latins, par J.-B. Chomel. Quatrième édition, revuë et corrigée. *Paris, J. Clouzier,* 1730 ; 3 vol. in-12, veau fauve, dos orné (*Rel. anc.*). 40 fr.

> Aux armes de Louise-Adélaïde d'ORLÉANS, abbesse de Chelles, fille du Régent.

1311. Reliure armoriée. Les Oraisons de Cicéron, traduites en françois sur la nouvelle édition de Hollande, 1724, avec des remarques par M. de Villefore. *Paris, Pierre Gandouin,* 1732 ; 8 vol. in-12, veau fauve, dos orné, fil., tr. dor. (*Rel. anc.*).   50 fr.

> Exemplaire aux armes de Madame VICTOIRE, fille de Louis XV.

1312. Reliure armoriée. Essai de Bibliologie militaire par le chef de bataillon Doisy. *Paris, Anselin,* 1824 ; in-8, mar. rouge, dos orné, fil., tr. dor. (*Cape*).   50 fr.

> Au chiffre de l'empereur NAPOLÉON III. Cet exemplaire porte une longue note

Achat de Bibliothèques

ms. de M. Arthur Dinaux expliquant que le volume fut prêté par lui au prince Louis Bonaparte, par l'entremise de Mᵐᵉ Sébastien Cornu, lorsqu'il était prisonnier à Ham, pour terminer son ouvrage sur l'artillerie.

1313. Reliure armoriée. LA MUSE EN BELLE HUMEUR, ou histoire de l'Entrée de leurs majestés dans leur bonne ville de Paris, suivant l'ordre donné à MM. de Rhodes et de Saintot, Grand Maître et Maître des Cérémonies ; présenté à Monseigneur le Procureur-général ; in-fol., mar. rouge, fil. à comp., tr. dor. (*Rel. anc.*). 1.800 fr.

Manuscrit inédit. C'est un poème en vers burlesques, sur l'Entrée de Louis XIV et de la Reine Marie-Thérèse dans la ville de Paris, le 26 août 1660. Il porte l'ex-libris de M' de la Michodière, Prévôt des Marchands.

Ce manuscrit signé Parent dans la lettre de dédicace adressée à Fouquet, est intéressant par la nomenclature des grands officiers, seigneurs et magistrats qui défilèrent devant le Roi à la barrière du Trône.

Aux armes de FOUQUET.

1314. Reliure armoriée. CONTES MORAUX et nouvelles idylles de D.... (Diderot) et Salomon Gessner. *Zurich, chez l'auteur*, 1773 ; in-4, titre et fig. gravés par Gessner, mar. rouge, dos orné, fil., tr. dor. (*Rel. anc.*). 4.500 fr.

Les contes joints aux idylles de Gessner sont de Diderot. Ce sont les *Deux Amis de Bourbonne* et *Entretiens d'un père avec ses enfants, ou le Danger de se mettre au-dessus des lois.*.

Cet exemplaire avait sans doute été offert à Mᵐᵉ du Barry, car, avant la préface, on trouve une épitre en vers, d'une belle écriture, imitant l'impression, qui lui est adressée par Meister, traducteur des idylles de Gessner, qui font partie de ce volume. Il est conservé dans une splendide reliure de la plus grande fraîcheur aux armes de Madame du BARRY.

1315. Reliure armoriée. Funérailles et diverses manières d'ensevelir des Romains, Grecs et autres nations, tant anciennes que modernes, descrites par Claude Guichard. *Lyon, Jean de Tournes*, 1581 ; in-4, mar. bleu, dos orné, dent., tr. dor. (*Rel. anc.*). 300 fr.

Édition ornée de figures sur bois ; l'une d'elles est signée *Cruché*.

Bel exemplaire, provenant de la bibliothèque J.-J. de BURE, aux armes d'Adrien de la VIEUVILLE DE WIGNACOURT, grand prieur de Champagne, de l'ordre de Malte.

1316. Reliure armoriée. LES MÉTAMORPHOSES D'OVIDE, mises en vers françois par Raimond et

Charles de Massac père et fils. *Paris, François Pomeray*, 1717 ; in-8, réglé, titre gravé, mar. rouge, dos et plats ornés, tr. dor. (*Rel. anc.*). 1.800 fr.

Très belle reliure ancienne aux armes du roi LOUIS XIII, ayant le dos et les plats entièrement couverts de fleurs de lis et d'L couronnées alternés.

1317. Reliure armoriée. Les Œuvres morales et meslées de Plutarque de Cheronée. Traduites de grec en françois par Jacques Amyot, divisées en deux tomes et de nouveau revuës et augmentées. *Lion, Paul Frelon*, 1611 ; in-8, titre gravé, mar. rouge, dos orné, fil., tr. dor. (*Rel. anc.*). 25 fr.

Tome II seul, aux armes du collège de l'ORATOIRE DE MARSEILLE.

1318. Reliure armoriée. PSEAUMES DE DAVID. Traduction nouvelle selon l'hebreu et la vulgate (par Louis Isaac Le Maistre de Sacy). Nouvelle édition, reveuë et corrigée. *Paris, Pierre le Petit*, 1671 ; in-12, front., mar. vert, dos orné, large dent., tr. dor. (*Rel. anc.*). 700 fr.

Exemplaire aux armes de la reine MARIE-LECKSINSKA, avec son chiffre frappé dans la dentelle des plats. Cette dernière particularité est très rare.

1319. Restif de La Bretonne. La Famille vertueuse. Lettres traduites de l'anglais. *A Paris, chés la veuve Duchesne*, 1767 ; 4 vol. in-12, mar. rouge, dos orné, fil., tr. dor. (*Chambolle-Duru*). 150 fr.

Très bel exemplaire.

1320. Restif de la Bretonne. Les Parisiennes, ou XL. caractères généraux pris dans les mœurs actuelles, propres à servir à l'instruction des personnes du sexe. *Neufchatel et Paris, Guillot*, 1787 ; 4 vol. in-12, demi-rel. veau. 80 fr.

20 jolies figures de *Binet* gravées en taille-douce.

1321. Restif de la Bretonne. Le Quadragenaire ou l'age de renoncer aux passions. Histoire utile à plus d'un lecteur. *A Genève et à Paris chés la Vve Duchêne*, 1777 ; 2 vol. in-12, veau (*Rel. anc.*). 40 fr.

15 figures en taille-douce dont 2 signées *Bacquoy* et *Berthet*.

1322. Restif de la Bretonne. Les Veillées du Marais, ou histoire du grand Oribeau, roi de Mommonie,

Et de Livres anciens et modernes

au pays d'Evinland et la vertueuse princesse Oribelle, de Lagenie. *Imprimé à Waterford, capitale de Mommonie (Paris)*, 1785 ; 4 tomes en 2 vol. in-12, mar. rouge, dos orné, fil., tr. dor. (*Chambolle-Duru*).   120 fr.

Bel exemplaire.

1323. Revue rétrospective, ou bibliothèque historique, contenant des mémoires et documens authentiques, inédits et originaux. *Paris, Fournier*, 1833-1838 ; 20 vol. in-8, demi-rel. veau fauve, dos orné, *non rognés*.   120 fr.

Première série, 3 vol. — 2ᵉ série, 12 vol. — 3ᵉ série, 3 vol.

1324. Revue Rétrospective, ou archives secrètes du dernier gouvernement, 1830-1848. *Paris, Paulin*, 1848 ; gr. in-8, demi-rel. dos et coins de mar. vert, tête dor., éb., dos orné.   20 fr.

Recueil des plus intéressant pour l'histoire politique du règne de Louis-Philippe, publié par J. Taschereau.

1325. Rhodiginus (Lud.-Cœlius). Antiquarum libri (sexdecim). *Venetiis, in ædibus Aldi et Andreæ Soceri, mense februario* 1516 ; in-fol. de 40 ff. et 862 p. et 3 ff., mar. vert, comp. de filets, tr. dor. 80 fr.

Bel exemplaire de cette édition, dédiée par l'auteur au célèbre bibliophile Jean GROLIER.

Aux armes du baron SEILLIÈRE.

1326. Rochambeau. Mémoires militaires, historiques et politiques de Rochambeau, ancien maréchal de France. *Paris, Pillet*, 1824 ; 2 vol. in-8, demi-rel. bas.   12 fr.

1327. Rosini (Jean). Antiquitatum Romanarum corpus absolutissimum, cum notis Thomæ Dempsteri. *Amstelædami, Salomon Schouten*, 1743 ; in-4, vélin, fil., orn. sur les plats.   12 fr.

Frontispice et figures gravés. Exemplaire en belle condition.

1328. Rostand (Edmond). Cyrano de Bergerac, comédie héroïque en cinq actes en vers. *Paris, Eug. Fasquelle*, 1898 ; in-8, br. *Vendu.*

L'un des 50 exemplaires sur PAPIER DU JAPON.

1329. Rousier (Le) des dames, sive le Pelerin damours, nou ellemēt composé par messire Bertrand Desmarins de Masan. *Paris, Crapelet*, 1852 ; in-16, fig. sur bois, chagr. bleu, fil., *non rogné*.   7 fr.

Exemplaire sur PAPIER DE CHINE.

1330. Saint-Cyran (L'abbé de). Question royale et sa décision. *Paris, Toussaint du Bray*, 1609 ; in-12, veau écaille, fil., tr. dor. (*Rel. anc.*).   10 fr.

Réimpression faite au XVIIIᵉ siècle. Voici, d'après une note de M. de Clément, garde de la Bibliothèque, l'origine de cet ouvrage : « Henri IV, après la bataille d'Arques qu'il gagna, dit que s'il l'avait perdue, il se serait sauvé dans un esquif en Angleterre. Un courtisan lui représenta qu'il aurait fallu des provisions, vu l'inconstance de la mer, un gros officier lui dit, en montrant son gros ventre : « Sire, vous ne seriez pas morte de faim, car j'aurais ouvert mon ventre pour vous en donner les boyaux. » Et là-dessus on agita la question si, en ce cas, on pourrait se tuer soi-même. M. de La Chastre auprès duquel était alors Saint-Cyran, lui en demanda son sentiment et il écrivait la « Question royale. »

1331. Saint-Evremond. Œuvres choisies, publiées avec une notice et des notes par M. de Lescure. *Paris, Jouaust*, 1881 ; in-12, demi-rel. dos et coins de mar. vert, tête dor., *non rogné*.   8 fr.

Portrait gravé à l'eau-forte.

1332. Salmigondis (le), contes de toutes les couleurs. *Paris, Fournier*, 1832-1833 ; 8 vol. in-8, demi-rel. dos et coins de veau fauve. 35 fr.

Parmi les nouvelles contenues dans ce recueil romantique, on remarque le colonel Chabert, de Balzac ; Antoine Pichon, de J. Janin ; la Rose rouge, d'Alex. Dumas ; l'Anneau, de Félix Pyat, etc., etc.

1333. Savary de Lancosme-Bréves. De l'Equitation et des haras. *Paris, Rigo*, 1842 ; in-8, broché.   12 fr.

Dessins de *Giraud*. Couverture illustrée.

1334. Scarron. Œuvres de Monsieur Scarron. Nouvelle édition revue, corrigée et augmentée de pièces omises dans les éditions précédentes. On y a joint une épitre dédicatoire à l'auteur, l'histoire de sa vie et de ses ouvrages et un discours sur le style burlesque. *Amsterdam, J. Wetstein*, 1737 ; 10 vol. pet. in-12, fig., veau marbr.   25 fr.

Bel exemplaire orné de jolies figures de *Du Bourg*, gravées par *Folkema*.

1335. **Scarron**. Œuvres, nouvelle édition revue, corrigée et augmentée de l'histoire de sa vie et de ses ouvrages, d'un discours sur le style burlesque et de quantité de pièces omises dans les éditions précédentes. *Amsterdam, J. Wetstein*, 1752 ; 7 vol. pet. in-12, portr. et front., mar. rouge jans., dent., tr. dor. (*Hardy*).   140 fr.

Bel exemplaire.

1336. **Scarron**. Le Roman comique. *Paris, Launelte*, 1888 ; in-4, fig., broché.   25 fr.

Très belle édition, illustrée des figures d'*Emile Zier.*

1337. **Schiller**. Œuvres, Poésies, Théâtre, Œuvres historiques, Mélanges, Esthétiques. Traduction nouvelle par Ad. Regnier. *Paris, Hachette*, 1859-1862 ; 8 vol. gr. in-8, portr., br.   70 fr.

L'un des 100 exemplaires tirés sur GRAND PAPIER VÉLIN.

1338. **Scholl** (Aurélien). Denise, historiette bourgeoise. 3e édition. *Gand, Alf. Carel*, 1862 ; in-12 carré, demi-rel. chagr. vert, éb. 4fr.

1339. **Schoonebeek** (Adrian). Nette afbeeldingen der eygenedragten van alle geestelijke vrouwen en nonnen orders ; nevens een korte aantekening van haar begin voortgang en bereftiging. *Tot Amsterdam*, 1691 ; in-8, demi-rel. bas. 20 fr.

Frontispice et 90 figures gravées sur cuivre représentant les costumes des ordres religieux de femmes au XVII° siècle.

1340. **Schopperus**. Speculum vitæ aulicæ. De admirabili fallacia et astutia vulpeculæ Reinikes libri quatuor, nunc primùm ex idiomate germanico latinitate donati, adjectis elegantissimis iconibus, veras omnium apologorum animaliumque species ad vivum adumbrantibus, auctore Hartmanno Schoppero, novoforense Norico. *Francof. ad Mœnum*, 1574 ; in-12, fig., peau de truie estampée (*Rel. anc.*). 150 fr.

Cette traduction en vers latins du Roman du Renard est ornée de jolies figures gravées sur bois de *Jost Amman* et de *Virgile Solis.*
Bel exemplaire de VEMENIZ dans sa très curieuse reliure originale.

1341. **Scribanus** (Carolus) e societate Jesu Antverpiæ. *Antverpiæ, apud Moretum*, 1610 ; 2 parties en 1 vol. in-4, vélin à recouvrements. 10 fr.

Figures gravées.

1342. **Sebon** (Raymond). La Théologie naturelle de Raymond Sebon. Traduite en françois par Messire Michel, seigneur de Montaigne. *Rouen, Jean de la Mare*, 1641 ; in-8, veau racine, dos orné, dent. 15 fr.

1343. **Segrais**. Les Nouvelles francoises ou les divertissemens de la princesse Aurélie. *La Haye, Pierre Paupie*, 1741 ; 2 vol. in-12, veau.   5 fr.

Figures en taille-douce.

1344. **Seguin** (Auguste). Les Actes du martyre de Louis XVI, roi de France et de Navarre, recueillies d'après les témoins oculaires, par Auguste Seguin. *Valence, Jamonet*, 1837 ; in-8, portr., demi-rel. veau.   4 fr.

1345. **Senault** (J.-Fr.). De l'Usage des passions. *Paris, Journel, s. d.* ; in-12, vélin.   4 fr.

Titre-frontispice gravé par *Larmessin.*

1346. **Silvestre** (Théophile). Histoire des Artistes vivants français et étrangers. Etudes d'après nature. *Paris, Blanchard, s. d.* ; gr. in-8, demi-rel. chagrin orange, tête jasp., *non rogné.*   15 fr.

Onze portraits au burin : Ingres, Eug. Delacroix, Corot, Chenavard, Decamps, Barye, Diaz, Courbet, Préault, Rude, Horace Vernet.

1347. **Solvay** (Lucien). Au Pays des Orangers. *Bruxelles, Kistemaeckers*, 1882 ; pet. in-8, demi-rel. mar. vert, tête dor., *non rogné.* 5 fr.

Illustrations de F. Stroobant et de César dell' Aqua,

1348. **Sonnets** et eaux-fortes. *Paris, Lemerre*, 1879 ; in-4, cart. toile rouge, *non rogné.*   100 fr.

42 magnifiques eaux-fortes.

1349. **Speroni**. Dialoghi di M. Speron Speroni, nuovamente ristampati, et con molta diligenza riveduti, et corretti. *In Venegia, in casa de figliuoli di Aldus*, 1546 ; in-12, veau.   10 fr.

1350. **Spinosa**. Réflexions curieuses d'un esprit désintéressé sur les matières les plus importantes au salut, tant public que particulier. *Cologne, Ch. Emmanuel*, 1678 ;

in-12, mar. olive, dos orné, fil., tr. dor. (*Rel. anc.*).   20 fr.

> Exemplaire avec le double titre : Traité des cérémonies superstitieuses des Juifs.

1351. Stirpe (de) et origine domus de Courtenay, quæ cœpita Ludovico Crasso hejus nominis sexto Francorum rege sermocinatio. *Parisiis,* 1607 ; in-8, vélin à recouvrements.   75 fr.

> Généalogie de la maison de Courtenai. Ce très rare volume a été, d'après Brunet, imprimé à Sens, par Pierre Vatard. Bel exemplaire quoique ayant un petit trou de vers dans la marge des derniers feuillets.

1352. Strada (Jacques de). Epitome du thresor des antiquitez, c'est à dire pourtraits des vrayes medailles des Empp. tant d'Orient que d'Occident. Traduit par Jean Louveau d'Orléans. *Lyon, J. de Strada et Th. Guérin,* 1553 ; in-4, veau. 10 fr.

> Portraits gravés sur bois d'après les médailles antiques.

353. Straparole. Les Facetieuses Nuicts du Seigneur Straparole (traduictes par J. Louveau, revue par P. de Larrivey). *S. l. (Paris, Guérin,* 1726 ; 2 vol. in-12, mar. rouge, dos orné, fil., tr. dor. 40 fr.

> Belle édition publiée par Bernard de la Monnoye.

1354. Swift. Le grand Mistère ou l'art de méditer sur la garde robe. *La Haye,* 1729 ; in-12, veau. 5 fr.

> On a relié à la suite de ce volume les pensées hazardées sur les études, la grammaire, la rethorique et la poetique par Lesage. La Haye, 1729.

1355. Swift. Voyages du Capitaine Gulliver en divers pays éloignés. *La Haye, Jean Swart,* 1765 ; 3 vol. in-12, fig., demi-rel. dos et coins de chagr. brun, *non rognés.* 12 fr.

> Le tome 3 contient la clef.

1356. Tableau (Le) de la Volupté, ou les quatre parties du jour. Poème en vers libres par M. D. B. (Du Buisson). *A Cythère (Paris), au temple du plaisir,* 1787 ; in-8, demi-rel. mar. bleu, tête dor., *non rogné.*   25 fr.

> 1 frontispice, 4 figures, 4 vignettes en tête, 4 culs-de-lamde par *Eisen* gravés par *de Longueil.*

1357. Tableaux où sont représentés la Passion de N. Seigneur Jésus-Christ et les Actions du prêtre à la Sainte-Messe, avec des prières correspondantes aux tableaux. *Metz, J.-F. Bouchard,* 1780 ; in-12, bas.   60 fr.

> Ce volume est orné de 35 figures gravées par *Séb. Le Clerc,* représentant les différentes phases de la messe.
> Belles épreuves de PREMIER TIRAGE. Très rare.
> On a relié avec cet ouvrage *Traité de la Providence sur le miracle des sept pains, par Le Tourneux.* Paris, 1701.

1358. Tahureau. Les Diagloves (*sic*) de Jacques Tahureau, gentilhomme du Mans, non moins profitables que facetieux, où les vices d'un chacun sont repris fort aprement pour nous amener davantage à les fuir et suivre la vertu. *Paris, Gabriel Buon,* 1570 ; in-16, mar. rouge, dos orné, fil., tr. dor. (*Trautz-Bauzonnet,* 1859).   120 fr.

> Bel exemplaire d'une jolie édition de ces dialogues facétieux.

1359. Tasse (Le). La Jérusalem délivrée, traduction nouvelle en prose par M. V. Philipon de la Madeleine, augmentée d'une description de Jérusalem par M. de Lamartine. Edition illustrée par MM. Baron et C. Nanteuil. *Paris, Mallet,* 1841 ; in-8, demi-rel. dos et coins de mar. rouge, tête dor., éb. (*Brany)* 15 fr.

> Exemplaire du PREMIER TIRAGE, auquel on a ajouté la suite des 4 figurés in-8 de *Ducis,* par *Pauquet* pour la *Vie du Tasse,* publiées par *Nepveu,* épreuves sur CHINE.

1360. Ternisien d'Haudricourt. Fastes de la Nation française, ou tableaux pittoresques gravés par d'habiles artistes accompagnés d'un texte explicatif, et destiné à perpétuer la mémoire des hauts faits militaires, des traits de vertu civique, etc. *Paris,* 1807 ; in-4, demi-rel. veau violet, dos orné, *non rogné.*   120 fr.

> Frontispice et 185 planches de *Couché, Lafitte,* etc., avec texte explicatif gravé.

1361. Tocsain (le) contre les massacreurs et auteurs des confusions en France, par lequel la source et origine de tous les maux qui de longtemps travaillent la France est découverte, afin d'exciter et d'émouvoir tous les princes fidèles, de s'employer pour le retrèchement d'icelle. Adressé à tous les princes chrétiens. *Reims, Jean Martin,* 1579 ; pet. in-8, veau fauve, fil., tr. dor.   8 fr.

> Ouvrage rare. Le titre et la préface ont

Achat de Bibliothèques

été refaits à la plume avec beaucoup de soin.

1362. Todière (L.). Louis XVI, Marie-Antoinette et le comte de Provence en face de la Révolution. *Paris, Lagny, s. d.* (1863) ; 2 vol. in-8, demi-rel. veau fauve, tr. rouge. 8 fr.

L'ouvrage devrait se composer de 4 volumes, les 2 premiers seuls ont paru.

1363. Tressan. Histoire de Gérard de Nevers et de la belle Euriant, sa mie. *Paris, impr. de Didot jeune,* 1792 ; pet. in-12, demi-rel. mar. rouge, *non rogné.* 30 fr.

4 figures par *Moreau le jeune.* Papier vélin. Taches.

1364. Turgot (Plan de). Plan de Paris commencé l'année 1734. Dessiné et gravé sous les ordres de Etienne Turgot ; levé et dessiné par Louis Bretez, gravé par Claude Lucas. *Paris,* 1739 ; in-fol., mar. rouge, fil., tr. dor. (*Rel. anc.*) 220 fr.

Exemplaire aux armes de la VILLE DE PARIS.

1365. Vadé. La Pipe cassée, poème épitragipoissardihéroïcomique. *Paris, Leclère,* 1866 ; in-8, demi-rel. dos et coins de mar. vert, tête dor., *non rogné.* 8 fr.

Exemplaire sur PAPIER DE CHINE, illustré de jolies figures en-tête. Rare.

1366. Vadé. La Pipe cassée, poème épitragipoissardihéroïcomique. *Paris,* 1881 ; in-8, demi-rel. dos et coins de mar. vert, tête dor., *non rogné.* 15 fr.

L'un des 10 exemplaires sur PAPIER ROSE avec une suite des eaux-fortes de *Mesplès*, ajoutée.

1367. Vaticinia sive prophetiæ abbatis Joachimi et Anselmi episcopi Marsicani. *Venetiis,* 1589 ; pet. in-4, vélin. 25 fr.

Titre-frontispice et curieuses figures gravées sur cuivre.

1368. Veuillot (Louis). La Vie de Notre-Seigneur Jésus-Christ. *Paris,* 1864 ; in-8, demi-rel. bas., dos orné, tr. rouge. 10 fr.

ÉDITION ORIGINALE.

1369. Vie (La) de Madame Saincte Marguerite, vierge et martyre, avec son oraison. *Imprimé à Troyes, chez J. Lecoq, s. d.;* pet. in-8 goth. de 10 ff., br. 6 fr.

Réimpression moderne exécutée par Pilinski.

1370. Vigneul-Marville. Mélanges d'histoire et de littérature. Seconde et nouvelle édition. *Imprimée à Rouen, à Paris, Claude Prudhomme,* 1701 ; 3 vol. in-12, veau, fil., tr. dor. 15 fr.

Bel exemplaire.

1371. Ville (Antoine de). Les Fortifications du chevalier Antoine de Villé, contenant la manière de fortifier toute sorte de places, villes, etc., le tout représenté en 55 planches gravées. *Paris,* 1666 ; in-8, veau. 10 fr.

Les 2 premiers feuillets ont une partie coupée.

1372. Villette. Eloge historique de Charles V, roi de France. *Paris, Grangé,* 1767 ; in-4, demi-rel. vélin, *non rogné.* 12 fr.

Portrait de Charles V par *Danzel*, gravé par *Levasseur*, 1 fleuron sur le titre, gravé par *Simonet*, d'après *Eisen*, et 6 vignettes ou culs-de-lampe d'*Eisen* avec leur tirage à part.

1373. Villette. Histoire de Notre-Dame de Liesse, par M. Villette, prêtre. *Laon, Franç. Meunier* (1717); in-8, fig., veau. 8 fr.

Rare.

1374. Villon. Œuvres de François Villon, avec les remarques de diverses personnes. *La Haie, Adr. Moetjens,* 1742 ; in-12, veau. 10 fr.

Cette édition avec les remarques de Laurière, de Le Duchat et de Formey, est préférable à celle de Coustelier en ce qu'elle contient des fragments inédits de l'auteur et des mémoires sur Villon par Prosper Marchand.

1375. Viollet-le-Duc. Dictionnaire raisonné de l'Architecture du XIe au XVIe siècle, par E. Viollet-le-Duc, architecte. *Paris, Vve A. Morel,* 1875 ; 10 vol. gr. in-8, fig., demi-rel. dos et coins de mar. rouge, tête dor., *non rognés.* 350 fr.

L'un des 100 exemplaires tirés sur GRAND PAPIER VERGÉ.
Très bel exemplaire. Rare.

1376. Viollet-le-Duc. Dictionnaire raisonné du Mobilier français de l'époque carlovingienne à la Renaissance, par M. Viollet-le-Duc, architecte. *Paris, Bance,* 1858-1875 ; 6 vol. in-8, demi-rel. dos et coins de veau bleu, dos orné, tête dor., *non rognés.* 220 fr.

Bel exemplaire.

Et de Livres anciens et modernes

1377. **Vitet**. Monographie de l'église N.-D. de Noyon. *Paris, impr. royale*, 1845 ; in-4, demi-rel. chagrin vert, et atlas in-fol., cart. 45 fr.

L'Atlas contient 32 planches.

1378. **Voltaire**. La Henriade, poëme, orné de dessins lithographiques. *Paris, Dubois*, 1825; in-fol., demi-rel. dos et coins de mar. rouge, dos orné, éb. (*Bibolet*). 60 fr.

Belle édition illustrée de 87 lithographies comprenant : un frontispice par *Girardet*, 69 portraits de *Mauzaisse* et 18 figures par *Horace Vernet*.

1379. **Voltaire**. La Pucelle d'Orléans, poëme, divisé en vingt chants, avec des notes. Nouvelle édition, corrigée, augmentée, et collationnée sur le manuscript de l'auteur. *S. l. (Genève)*, 1762 ; in-8, veau racine. 30 fr.

Édition en 20 chants : la première qui ait parue avec l'aveu de l'auteur. Elle est illustrée de 20 figures en taille-douce.

1380. **Voltaire**. La Pucelle d'Orléans, poëme en vingt-un chants. *Paris, impr. de Didot le jeune, l'an III (1795)* ; 2 vol, in-4, demi-rel. dos et coins de mar. rouge, dos orné, tête dor. 150 fr.

Très belle édition illustrée d'un portrait par *Gaucher* et de 21 figures paa *Lebarbier*, *Marillier*, *Monsiau* et *Monnet*.

1381. **Voltaire**. Suite de 95 figures pour illustrer les Œuvres de Voltaire par Chasselat et Devéria, gravée en taille-douce par Niquet, Baquoy, Juben, Malbeste, Cazenave, etc.; in-12, cart. 10 fr.

1382. **Voyage**, où il vous plaira par Tony Johannot, Alfred de Musset et P.-J. Stahl. *Paris, Hetzel*, 1843; gr. in-8, demi-rel. chagr. noir, tr. jasp. 12 fr.

Illustrations sur bois dans le texte et hors texte.

1383. **Wagner** (J.-J.). Mercurius Helveticus furstellend die Denck und Schauwur digsten vornemsten Sachen und Seltsamkeiten der Eydgnoss schaft. *Zurich, J.-H. Lindiner*, 1714 ; in-12, mar. rouge, fil. à froid, tr. dor. (*Rel. anc.*). 20 fr.

Jolies petites vues des villes de la Suisse gravées sur cuivre.

1384. **Willemin** (Nicolas-Xavier). Choix de Costumes civils et militaires des peuples de l'antiquité, leurs instruments de musique, leurs meu-

bles, et les décorations intérieures de leurs maisons. *Paris, Plassan*, 1798 ; 2 vol. in-fol., demi-rel. dos et coins de mar. rouge, *non rognés*. 100 fr.

180 planches gravées sur cuivre. Bel exemplaire.

1385. **Willemin** (Nicolas-Xavier). Monuments français inédits pour servir à l'histoire des Arts, et où sont représentés les costumes civils et militaires, les instruments de musique, les meubles de toutes espèces et les décorations intérieures des maisons. *Paris*, 1806; 2 vol. in-fol., demi-rel. dos et coins de mar. bleu, dos orné, *non rognés*. 250 fr.

300 planches sur cuivre dont la plupart ont été coloriées avec soin.

1386. **Willemin** (N.-X.) Monuments français inédits pour servir à l'histoire des arts ; dessiné, colorié, gravé et rédigé par Willemin. *Paris*, 1806 ; 2 tomes en 3 vol. in-fol., demi-rel. veau. 75 fr.

292 planches sur cuivre (sur 300) sans texte.

1387. **Willemin** (N.-X.). Monuments français inédits pour servir à l'histoire des Arts depuis le IVe siècle jusqu'au commencement du XVIIe. Dessinés, gravés et coloriés par N.-X. Willemin, et accompagnés d'un texte par André Pottier. *Paris, Mlle Willemin*, 1839 ; 2 vol. in-fol., *en feuilles*. 175 fr.

Cette édition n'est autre que celle de 1806 avec titres renouvellés. Elle est ornée de 300 planches gravées sur cuivre dont 171 ont été finement coloriées. Les 6 pl. 157, 169, 197, 216, 289 et 291 manquent.

1388. **Winkelmann**. Histoire de l'Art chez les anciens. *Paris, Jansen, an II (1794)*; 2 vol. in-4, veau, dos orné, dent. (*Rel. anc.*). 20 fr.

Portrait, figures et 62 planches en taille-douce (la 5e manque).

1389. **Wlson de la Colombière**. Les Portraits des hommes illustres françois qui sont peints dans la gallerie du palais cardinal de Richelieu, avec leurs principales actions, armes, devises et éloges latins ; desseignez et gravez par les sieurs Heince et Bignon. *Paris, H. Sara*, 1650 ; in-fol.. basane. 75 fr.

Frontispice et 26 portraits gravés sur cuivre, encadrés chacun d'une bordure

composée d'emblèmes et de scènes rappelant les principaux faits de la vie du personnage représenté.
Bel exemplaire.

1390. Wraxall (William). Mémoires historiques de mon temps, contenant des particularités remarquables sur les souverains et les personnages les plus célèbres de l'Europe pendant une grande partie du XVIIIe siècle. Traduit par R.-J. Durdent. *Paris, Dentu*, 1817 ; 2 vol. in-8, demi-rel.   10 fr.

1391. Xenophon. La Retraite des dix mille de Xenophon, ou l'expédition de Cyrus contre Artaxerxes. De la traduction de Nicolas Perrot, sieur d'Ablancourt. *Paris, Vve J. Camusat et P. le Petit,* 1648 ; in-8, veau.   4 fr.

> Légères mouillures.

1392. Ymbert Mœurs administratives, pour faire suite aux observations sur les mœurs et les usages français au commencement du XIXe siècle. *Paris, Ladvocat,* 1825 ; 2 vol. in-12, demi-rel. veau.   12 fr.

> 2 figures de *Devéria.*

1393. Yriarte (Charles). Album du Grand Journal. Texte par Charles Yriarte. *Paris, A. Vallée, s. d.* ; in-fol., cart.   10 fr.

> 300 dessins par *Bocourt, Cham, Couverchel, Decamps, Deroy, Durand, Brager, Godefroy-Durand,* et *G. Doré.*

1394. Yriarte. Florence. — L'Histoire. — Les Médicis. — Les Humanistes. — Les Lettres. — Les Arts. Orné de 500 gravures et planches. *Paris, Rothschild,* 1881 ; 2 vol. in-fol. en feuilles dans 2 cartons.   70 fr.

> Belles illustrations.

1395. Yriarte (Charles). Venise. Histoire, art, industrie, la ville, la vie. *Paris, J. Rothschild,* 1878 ; gr. in-4, cart. toile, tête dor. (*Rel. anc.*).   70 fr.

> Bel ouvrage orné de 525 gravures, dont 50 tirées hors texte et plusieurs en couleurs.

1396. Yriarte (Charles). Histoire de Paris. Ses transformations successives. *Paris, Rothschild,* 1882 ; pet. in-fol., demi-rel. chagrin rouge, éb., *non rogné.*   30 fr.

> Belle publication exécutée à l'occasion de l'inauguration du Nouvel Hôtel-de-

1397. Yver. Le Printemps d'Yver : contenant cinq histoires discouruës par cinq journées en une noble compagnie, au château du Printemps. Par Jacques Yver. *Paris, JeanMettayer,* 1581 ; in-16, veau. 15 f.

> Jolie petite édition. — La date du titre a été grattée.

1398. Zacharie. Les quatre parties du jour, poème trad. de l'allemand de M. Zacharie (par Muller). *Paris, Musier,* 1769 ; gr. in-8, v. f., ant. 45 fr.

> Exemplaire en grand papier.
> 1 frontispice et 4 fig., 4 vign. et 4 culs-de-lampe par Eisen, grav. par Baquoy.

1399. Zevort (Edgard). Histoire des Temps modernes depuis la seconde moitié du XVe siècle jusqu'à nos jours. *Paris, Alphonse Lemerre,* 1881 ; 2 vol. pet. in-12, br.   5 fr.

> Exemplaire tiré sur PAPIER DE CHINE.

1400. Zinzolin (Le), jeu frivole et moral. *Amsterdam, chez les libraires associés,* 1779 ; in-12, demi-rel. chagr.   5 fr.

> Ouvrage attribué à Luneau de Boisgermain, et à Toustain de Lormery.

1401. Zola (Émile). L'Argent. *Paris, Charpentier,* 1891 ; in-12, demi-rel. dos et coins de mar. rouge, tête dor., *non rogné. (Pouillet).* 20 fr.

> ÉDITION ORIGINALE. — Exemplaire tiré sur PAPIER DE HOLLANDE. Couverture conservée.

1402. Zola (Émile). Une Page d'Amour Compositions de François Thévenot. *Paris, Emile Testard,* 1895 ; gr. in-8, br.   20 fr.

1403. Zola (Émile). La Terre. *Paris, Charpentier,* 1887 ; in-12, demi-rel. dos et coins de mar. rouge, tête dor., *non rogné. (Pouillet).* 25 fr.

> ÉDITION ORIGINALE. — Exemplaire tiré sur PAPIER DE HOLLANDE. Couverture conservée.

1404. Zurcher et **Margollé.** Les Ascensions célèbres aux plus hautes montagnes. — Les Naufrages célèbres. — Volcans et tremblements de terre. *Paris, Hachette,* 1879-1888 ; 3 vol. in-18, fig., demi-rel. chagr. brun.   7 fr. 50

> De la Bibliothèque des Merveilles.

Le Propriétaire-Gérant : THÉOPHILE BELIN.

CHATEAUDUN. — Imprimerie de la Société Typographique (*Téléphone*).

LIBRAIRIE THÉOPHILE BELIN, 29, QUAI VOLTAIRE, A PARIS

Vient de paraître

LE DEUXIÈME ET DERNIER VOLUME

LES AMOURS

DE PSYCHÉ

ET DE CUPIDON

SUIVIES D'ADONIS, POËME

PAR

JEAN DE LA FONTAINE

NOUVELLE ÉDITION ORNÉE DE 26 FIGURES DE BOREL
GRAVÉES EN COULEURS PAR VIGNA-VIGNERON

PRÉFACE DE JULES CLARETIE
de l'Académie française.

Deux volumes grand in-8 jésus, imprimés sur papier vélin

Tirage unique à 250 exemplaires numérotés à la presse

PLANCHES EFFACÉES APRÈS LE TIRAGE

SIX CENTS FRANCS

Tous les exemplaires sont illustrés d'une triple suite de figures : eau-forte
pure, planches noires terminées et planches imprimées en couleurs.
C'est aux amateurs de beaux livres d'art que s'adresse cette publication ;
elle est la reproduction fidèle en couleurs de 26 aquarelles aussi remarquables par la grâce que par la fraîcheur et la délicatesse du coloris. Ces
charmantes compositions dues à Borel, l'un des maîtres les plus exquis de la fin
du XVIIIᵉ siècle, furent exécutées pour le célèbre bibliophile Morel de
Vindé ; elles étaient destinées à illustrer une édition des AMOURS DE
PSYCHÉ, que seule la Révolution empêcha de paraître. Cette œuvre interrom-
pue, nous l'avons reprise avec le concours des graveurs VIGNA-VIGNERON.
L'impression du texte a été confiée à MM. CHAMEROT et RENOUARD et le
tirage des estampes à M. GÉNY-GROS, qui en ont fait une œuvre parfaite.